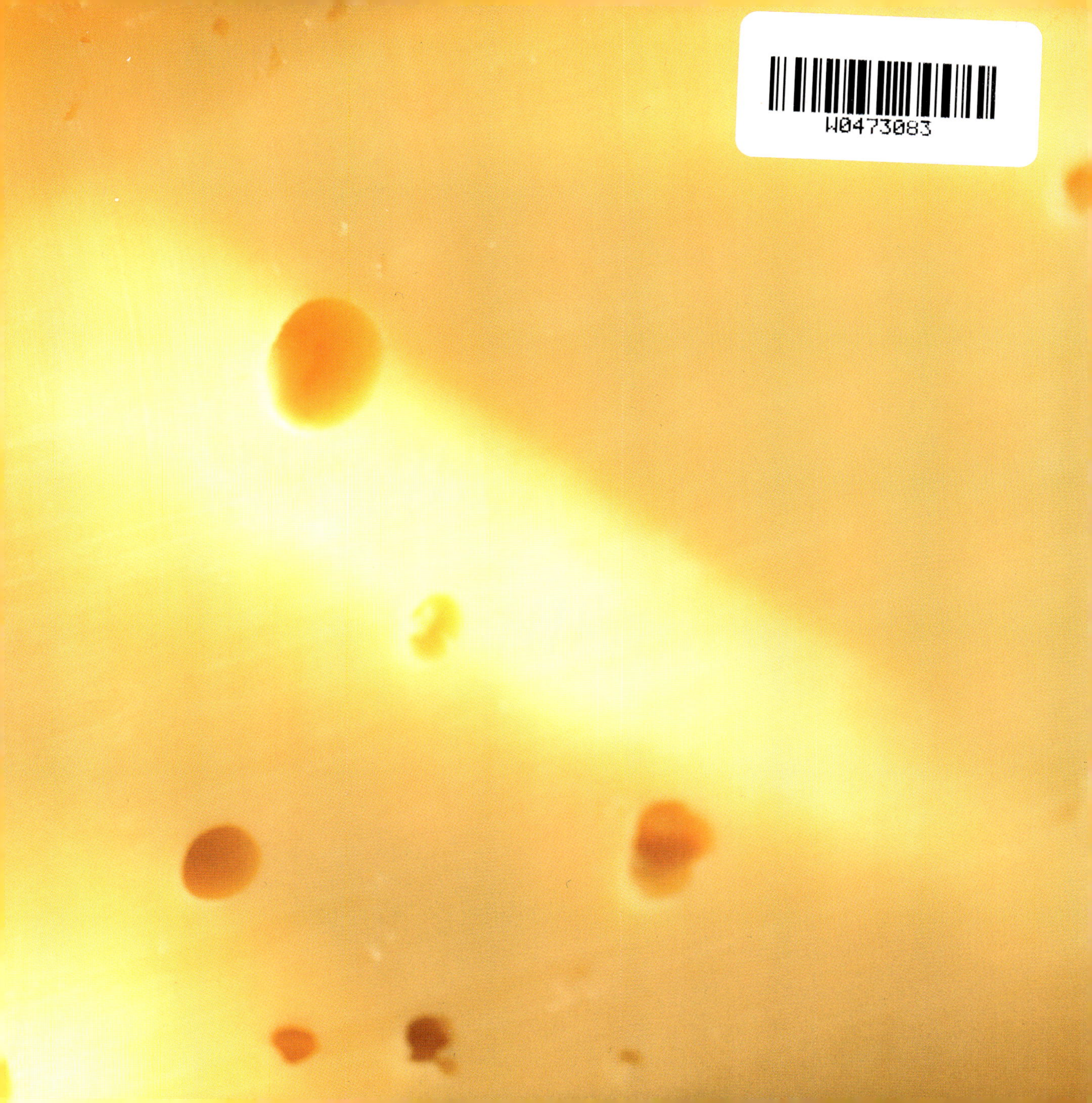

Kochen mit Käse
Frico
Wer Käse mag, wird Frico lieben.
Ideen und Rezepte für Fans von Gouda & Co.

KLEINES LAND, *großer* KÄSE.

Bei uns im Norden Hollands ist vieles wie früher. Man lebt mit der Natur. Und macht seit Generationen das Beste aus dem, was sie hergibt. So wird aus Wind und Wetter und der Milch von gesunden Kühen auch heute noch Käse, den es so an keinem anderen Fleck auf der Welt geben kann.

WER KÄSE MAG, WIRD Frico LIEBEN.

Liebe Leserin, lieber Leser,

schmeckt Ihnen Käse so richtig gut?

Dann halten Sie das passende Buch in den Händen! Hand aufs Herz: Sicher haben Sie ein Repertoire an Lieblingssorten und Gerichten mit Käse, die Sie sich regelmäßig gönnen. „Kochen mit Käse" wird Sie auf ganz neue Ideen bringen.

Im Buch finden Sie Rezepte für Aufschneider, in denen Käse und Brot neue, überraschende Verbindungen eingehen, kleine Köstlichkeiten für den großen Hunger zwischendurch, originelle Salate und Suppen mit Käse und Gerichte, mit denen Sie Freunde und Familie mit einem Faible für leckeren Käse so richtig verwöhnen können. Und sogar an die Süßmäuler haben wir gedacht und Rezepte entwickelt, die prima als Dessert taugen und nichts mit der klassischen Käseplatte gemein haben. Dass Käse gesund ist und auf dem Speiseplan fitnessbewusster Zeitgenossen eine Hauptrolle spielen sollte, davon ist Regina Halmich – Boxweltmeisterin von 1995 bis 2007 – überzeugt. Sie präsentiert in „Kochen mit Käse" in der Rubrik „Leicht & Lecker" Rezepte, die kalorienarm und köstlich sind.

Wer noch mehr wissen möchte, der erfährt, wie gesund Käse tatsächlich ist, was Käse aus Holland und speziell aus Friesland so einzigartig macht und, last but not least, wie der Käse zu Hause eigentlich am besten frisch zu halten ist.

Wir hoffen, dass Sie schon beim Durchblättern Lust aufs Kochen und Genießen von echtem holländischem Kaas bekommen!

Ihr Frico-Team

Inhalt

Editorial 3

WISSENSWERTES ÜBER KÄSE

Echter Kaas kommt aus Holland 6

Kaaskunst aus Friesland 8

Darf es ein Stück Gesundheit sein? 10

Käse ist nicht gleich Käse! 16

So lagern Sie Käse richtig! 18

REZEPTE

Rezepte für Aufschneider 19

Kleine Köstlichkeiten 25

Knackige Salate 35

Leckere Suppen 45

Überraschende Hauptgerichte 51

Aufläufe und Gratins 61

Fruchtig und süß 69

Leicht & Lecker 75

Alle Rezepte auf einen Blick 87

Impressum 88

Echter Kaas kommt aus Holland

Käse und die Kunst des Käsemachens sind ein ebenso faszinierendes wie vielfältiges Thema. Schon seine Entdeckung ist eine spannende Geschichte. Das gilt gleichermaßen für die bis heute überlieferten traditionellen Herstellungsverfahren der niederländischen „Kaaskunst". Und wer sich darüber hinaus mit den Bestandteilen des Käses beschäftigt, erfährt unter anderem Bemerkenswertes über seine die Gesundheit unterstützende Wirkung.

GESCHICHTE

Die Ursprünge der Käseherstellung liegen weit zurück. Ungefähr 6000 Jahre vor unserer Zeitrechnung machten Nomaden in Mesopotamien, dem heutigen Irak, eine interessante Entdeckung: Wenn sie Milch längere Zeit stehen ließen, wurde diese sauer und dicklich. Das Ergebnis war der erste Sauermilchkäse. Den ersten Labkäse verdanken wir einem ähnlichen Zufall: Hirten bewahrten ihre Milch in getrockneten Schafsmägen auf. Dort befanden sich immer noch Reste vom Verdauungsferment der Tiere, dem Lab. Die Folge: Am Abend war die Milch zu einem weißen, dicklichen Klumpen geworden, der in einer wässrigen Molke schwamm. Die Urväter der Käsekunst schöpften nun die eingedickte Milch in geflochtene Weidenkörbe, aus denen die Flüssigkeit abtropfen konnte. Dann lagerten sie das Milchkonzentrat in kühlen Felsenhöhlen.

KAASKUNST

Die Grundprinzipien des Käsens sind bis heute gleich geblieben. Doch im Laufe der Zeit hat der Mensch die Käseherstellung zu einer hohen Kunst weiterentwickelt. Erfahrene Käsemeister haben ihr ganzes Geschick aufgewendet, um verschiedene Herstellungs- und Reifungsverfahren zu entwickeln. Ein Land mit besonders langer Käsetradition sind die Niederlande. Auf rund 540 Bauernhöfen, insbesondere im Norden und Süden des Landes, wird das uralte Handwerk des Käsens noch heute gepflegt. Die traditionelle „Boerenkaas"-Herstellung ist Frauensache. Sie wird bis heute von der Mutter an die Tochter weitergegeben.
In der modernen Käserei unterscheidet sich das Prinzip des Käsemachens nur wenig von der überlieferten Herstellung auf dem Bauernhof. Der wich-

MILCH IM TEST

▶ Übrigens: Kein anderes Lebensmittel wird so kritisch geprüft wie Milch. Erst wenn das Labor die Milch für käsereitauglich erklärt, darf mit dem Käsen begonnen werden.

tigste Unterschied ist der Grundstoff, die Milch: Bauern verwenden rohe, unbehandelte Milch. Wegen der besseren Haltbarkeit und aus Hygienegründen wird sie im Käsewerk pasteurisiert. Dabei wird die Milch für etwa 15 Sekunden auf 72 Grad Celsius erhitzt.

KÄSEREGIONEN

Kann ein erfahrener Käser aus jeder Milch auch jeden beliebigen Käse zaubern? Zum Beispiel einen italienischen Edamer, einen bayerischen Mozzarella oder einen holländischen Tilsiter? Die Antwort: nein. Warum?

Klima ist nicht gleich Klima

Das Klima beeinflusst die Pflanzen und somit Qualität und Geschmack des Tierfutters. Deshalb hat jede Region ihre besondere Milchqualität und stellt ihre ganz eigenen Käsespezialitäten her.

Milch ist nicht gleich Milch

Zwar werden die meisten Käsesorten aus Kuhmilch hergestellt. Doch auch die besonders würzig-aromatische Schafsmilch und Ziegenmilch finden in der Käseproduktion Verwendung. Ferner Büffelmilch, aus der zum Beispiel in Süditalien der Original-Mozzarella gemacht wird.

NIEDERLANDE

Mit ihrer sauberen Luft, dem mineralstoffreichen Gras und den saftigen Weiden sind die Niederlande ein Paradies für Milchkühe. Auch heute noch wird dort über ein Drittel der gesamten Bodenfläche für Viehzucht und Milchwirtschaft genutzt. Die drei wichtigsten Käsesorten sind Gouda, Edamer und Maasdamer.

Frico

Kaaskunst aus Friesland

Hans Wammes (57) aus dem niederländischen Enter ist schon seit 40 Jahren bei Frico beschäftigt. Als Käsemeister kennt er sich mit echter niederländischer Kaaskunst bestens aus und ist daher ein Experte auf diesem Gebiet.

„Schon seit 1898 steht der Name Frico für niederländische Kaaskunst. Und deren Prinzipien sind auch heute noch die Basis unserer Arbeit, die sich im Wesentlichen nicht von der historischen Fertigung des Boerenkaas auf den Bauernhöfen unterscheidet. Die überlieferte Erfahrung vieler Jahrhunderte Käseherstellung und die einzigartigen Vorteile unserer friesischen Heimat mit ihrer unberührten Natur, der frischen Seeluft und dem mineralstoffreichen Gras sind die Garanten unserer herausragenden Qualität. Aus meiner Sicht machen gerade die traditionelle niederländische Herstellungsweise und die Region unseren Frico-Käse zu etwas ganz Besonderem. Denn nur in Friesland, in einer der nördlichsten Provinzen der Niederlande, findet man diese schöne, fast unberührte Natur. Hier weht ein rauer Nordwind, die Luft ist rein und die Kühe können ungestört auf naturbelassenen Wiesen weiden. Deshalb verfügt die Milch – und damit auch der aus ihr hergestellte Käse – über einen unnachahmlichen, friesischen Geschmack.

Bei der Herstellung gehen wir sehr sorgfältig vor. So wird die täglich frisch angelieferte Milch auf ihre Qualität hin überprüft, denn für unseren Käse verwenden wir nur die besten Rohstoffe. Während der Produktion und der anschließenden Reifung führen wir ständig Kontrollen durch. Den Abschluss bildet unser so genanntes ‚Kaas-Keuring', bei dem wir Käsemeister unter anderem die Konsistenz und den Geschmack der Laibe genau prüfen. Nur wenn wir 100-prozentig überzeugt sind, wird unsere Ware ausgeliefert. So garantieren wir eine konstant hohe Qualität, die alle Frico-Produkte auszeichnet. Dies wird auch entsprechend honoriert: Beispielsweise wurde der ‚Frico Master' beim World Cheese Contest in den USA zum Käseweltmeister gekürt und unser Käse erhält jedes Jahr von der Deutschen Landwirtschaftsgesellschaft (DLG) Auszeichnungen für seine hohe Produktqualität. Darauf sind wir sehr stolz. Am wichtigsten sind uns jedoch die deutschen Käseliebhaber, die wir jeden Tag aufs Neue für unsere köstlichen Produkte begeistern möchten. Dafür bieten wir eine sehr große Auswahl an verschiedenen Sorten und arbeiten stetig an neuen Produkten. Und so werden wir unserem Motto ‚Wer Käse mag, wird Frico lieben' gerecht."

Darf es ein Stück Gesundheit sein?

BESTANDTEILE VON KÄSE

Was ist Käse überhaupt? Eigentlich ist Käse nichts anderes als Milch in konzentrierter Form, genauer: Milch minus Wasser. Denn bei der Herstellung von Käse werden die festen Stoffe der Milch vom Wasser getrennt und gebunden. Diese festen Bestandteile sind Fett, Eiweiß, Milchzucker, Mineralstoffe wie Kalzium, Spurenelemente und Vitamine – vor allem A, D und E.

KALZIUM

Kalzium ist wichtig für einen gesunden Knochenbau. Schon 100 Gramm Gouda decken den durchschnittlichen Tagesbedarf eines erwachsenen Menschen. In keinem anderen Lebensmittel ist das knochenstärkende Mineral so reichhaltig vorhanden wie im Käse. Dabei gilt: Je härter der Käse, desto mehr Kalzium ist vorhanden. Auch fettreduzierte Käse enthalten pro 100 Gramm viel Kalzium. Daher kann der Verzehr von Käse auch vorbeugend gegen Kalzium-Mangelerscheinungen, wie zum Beispiel Osteoporose, sein.

INHALTSSTOFFE

Kaum ein Nahrungsmittel ist so reich an wertvollen Inhaltsstoffen wie Käse. Ob für den Knochenbau, für gesunde Haut oder kräftige Haare: Käse ist ein Fitmacher der Extraklasse.

MILCHEIWEISS

Das im Käse enthaltene Milcheiweiß ist ein besonders hochwertiges Eiweiß. Denn es kann fast vollständig in körpereigenes Eiweiß umgewandelt werden.

VITAMINE UND MINERALSTOFFE

Käse ist ein Vitamin- und Mineralstoffspender. Sein hoher Anteil an Vitaminen unterstützt die Regenerierung der Haut und der Schleimhäute. Auch die Vitamine B1 und B12 sind reichlich enthalten. Sie sorgen für einen ausgeglichenen Stoffwechsel. Käseesser sind zudem gut mit Magnesium versorgt. Zum Beispiel stecken rund 30 Milligramm des Mineralstoffs bereits in 100 Gramm Edamer. Käse kann keine Wunder bewirken. Doch er trägt maßgeblich zu einer gesunden und ausgewogenen Ernährung bei.

KÄSE FÜR KINDER

Käse ist ein idealer Belag für das Schulbrot. Denn Kalzium ist gerade für Kinder in der Wachstumsphase für den Aufbau und die Stabilisierung von Knochen und Zähnen besonders wichtig. Das im Käse enthaltene Vitamin D begünstigt die Kalziumaufnahme im Darm und die Wirkung auf Knochen und Zähne zusätzlich.

Darüber hinaus stabilisiert Kalzium Zellmembranen, aktiviert Enzyme für die Blutgerinnung und dient der Reizübertragung im Nervensystem.

PRIMA EIWEISSLIEFERANT

- Käse enthält mehr Eiweiß als Fisch! Während auf 100 Gramm Kabeljaufilet fast 18 Gramm Eiweiß kommen, enthält die gleiche Menge Edamer etwa 26 Gramm dieses lebensnotwendigen Nährstoffs.

FETT IN DER TROCKENMASSE

Ein weiteres Unterscheidungsmerkmal von Käse ist der Anteil von Fett in der Trockenmasse – oder abgekürzt „Fett i. Tr.“. Diese Angabe sagt jedoch nichts über den absoluten Fettgehalt eines Käses aus. Beispielsweise hat ein junger holländischer Gouda 48 Prozent Fett i. Tr. Das erscheint zunächst wie eine Kalorienbombe. Dabei liegt sein absoluter Fettgehalt bei lediglich 28,8 Prozent. Wie ist das zu erklären?

Allgemein besteht Käse aus einem Wasser- und einem Trockenmasseanteil, der sich wiederum aus Fett, Eiweiß, Mineralstoffen und Vitaminen zusammensetzt. Stellen wir uns einen runden Käselaib vor, der wie in der Abbildung 50 Prozent Wasser und weitere 50 Prozent „Fett in der Trockenmasse“ (Fett i. Tr.) enthält.

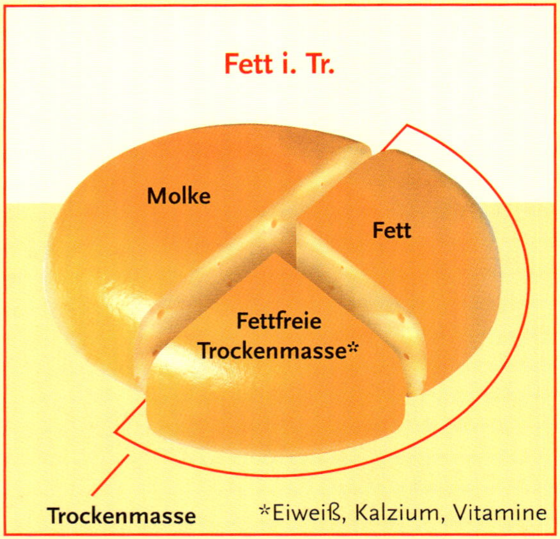

Die Angabe Fett i. Tr. bezieht sich nur auf einen Teil des Käses, nämlich ausschließlich auf die Trockenmasse. Wenn diese beispielsweise zur Hälfte aus Fett besteht, ist der Anteil von Fett an der Trockenmasse 50 Prozent. Ganz anders verhält es sich mit dem absoluten Fettgehalt: Um ihn zu berechnen, legt man die gesamte Käsemasse zugrunde.

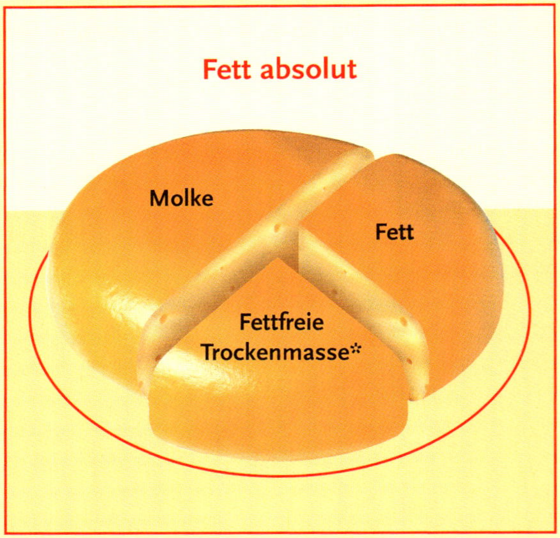

Das bedeutet, wenn der Käse zur Hälfte aus Trockenmasse besteht und diese sich wiederum nur zur Hälfte aus Fett zusammensetzt, dann verfügt der Käse über 25 Prozent Fett absolut (nämlich die Hälfte von 50 Prozent).

Da in der Regel der Anteil der Trockenmasse nicht bekannt ist, kann man den absoluten Fettgehalt nicht exakt berechnen. Für die Bestimmung des absoluten Fettgehalts kann jedoch eine einfache Faustregel verwendet werden. Die Prozentangabe von Fett i. Tr. wird mit einem bestimmten Faktor multipliziert, der je nach Käsegruppe variiert. Es gelten folgende Multiplikatoren:

Formel:

Frischkäse	Fett i. Tr. x 0,3
Weichkäse	Fett i. Tr. x 0,5
Schnittkäse	Fett i. Tr. x 0,6
Hartkäse	Fett i. Tr. x 0,7

Verschiedene Käsesorten mit unterschiedlichem „Fett i. Tr.“-Gehalt können gleiche „Fett absolut“-Werte aufweisen:

	Fett i. Tr.	**Fett absolut**
Buko Balance	Rahmstufe (mind. 50 %)	**17 %**
Frico Cantenaar	Dreiviertelfettstufe (30 %)	**18 %**

Verschiedene Käsesorten können trotz eines identischen „Fett i. Tr.“-Gehalts unterschiedliche Werte hinsichtlich ihres absoluten Fettgehalts aufweisen:

	Fett i. Tr.	**Fett absolut**
Edamer	40 %	**24 %**
Limburger	40 %	**20 %**
Fetakäse	40 %	**16 %**
Quark	40 %	**12 %**

Ein weiteres Unterscheidungsmerkmal sind die Fettgehaltstufen, anhand derer sich Käse einteilen lässt:

- **Käse Doppelrahmstufe**
  höchstens 87 % Fett i. Tr.
  mindestens 60 % Fett i. Tr.
- **Käse Rahmstufe**
  mindestens 50 % Fett i. Tr.
- **Käse Vollfettstufe**
  mindestens 45 % Fett i. Tr.
- **Käse Fettstufe**
  mindestens 40 % Fett i. Tr.
- **Käse Dreiviertelfettstufe**
  mindestens 30 % Fett i. Tr.
- **Käse Halbfettstufe**
  mindestens 20 % Fett i. Tr.
- **Käse Viertelfettstufe**
  mindestens 10 % Fett i. Tr.
- **Käse Magerstufe**
  weniger als 10 % Fett i. Tr.

AUSGEWOGENE ERNÄHRUNG

Zu wenig Bewegung und falsche Ernährung werden sowohl bei Erwachsenen als auch bei Kindern und Jugendlichen zunehmend zu einem Problem. Daher wird das Thema „Ausgewogene Ernährung“ immer wichtiger: Wer sich richtig ernährt, lebt gesünder, ist belastbarer und leistungsfähiger. Die Grundlagen für körperliches und geistiges Wohlbefinden sind eine ausgewogene Ernährung sowie körperliche Bewegung und Sport. Momente der Entspannung wechseln sich dabei mit Phasen der Aktivität ab.

ERNÄHRUNGSPYRAMIDE

Die Ernährungspyramide zeigt, was eine ausgewogene Ernährung kennzeichnet: Sie setzt sich aus den sechs abgebildeten Lebensmittelgruppen zusammen. Alle Lebensmittel aus den verschiedenen Pyramidenstufen sind wichtig, jedoch in sehr unterschiedlichen Mengenverhältnissen. Den größten Anteil sollten Getreideprodukte und Kartoffeln haben, denn sie liefern viele Nähr- und Ballaststoffe sowie Spurenelemente.

Bei Obst und Gemüse gilt: „Nimm fünf am Tag!“ Es wird empfohlen, Milch beziehungsweise Milchprodukte als wichtige Kalzium- und Eiweißlieferanten täglich auf den Speiseplan zu setzen. Wie unsere Nachbarn im Mittelmeerraum sollten wir ein- bis zweimal die Woche Fisch essen – Eier, Fleisch und Wurstwaren hingegen nur in Maßen, etwa 300–600 Gramm der beiden Letztgenannten reichen pro Woche aus. Streich- und Zubereitungsfette sind sparsam zu verwenden, wobei für Salate kalt gepresste Pflanzenöle besonders empfehlenswert sind. Die Spitze der Pyramide bilden Süßigkeiten, salzige Snacks und Alkohol. Als „kleine Extras“ sind sie erlaubt, allerdings nur in Maßen. Grundsätzlich gibt es keine „verbotenen“ Lebensmittel, aber es kommt sehr wohl darauf an, von gewissen Dingen die richtige Menge zu verzehren. Als Abschluss noch ein Wort zum Lebenselixier Wasser: Trinken hält gesund und fit. Sorgen Sie mit 1,5 bis zwei Litern Wasser oder anderen kalorienarmen Getränken pro Tag für ausreichend Flüssigkeitszufuhr.

AUSREICHEND BEWEGUNG UND SPORT

Körperliche Bewegung und Sport sind genauso wichtig wie eine ausgewogene Ernährung. Wählen Sie eine Sportart, die Ihnen Spaß macht. So fällt es Ihnen leichter, sich regelmäßig zu bewegen – idealerweise täglich 30–60 Minuten. Für Bewegung zu sorgen ist gar nicht so schwer: einfach das Auto stehen lassen und zu Fuß gehen oder anstelle des Aufzugs die Treppen benutzen. So kommen Sie täglich in Schwung.

TÄGLICH KÄSE

Käse ist gesund. Denn er weist alle in der Milch enthaltenen Inhaltsstoffe in komprimierter Form auf: Schließlich werden zehn Liter Milch benötigt, um ein Kilogramm Käse herzustellen. Eiweiß, Kalzium und Vitamine machen ihn ernährungsphysiologisch besonders wertvoll. So ist er ein wichtiger Bestandteil gesunder und ausgewogener Ernährung und sollte täglich auf dem Speiseplan stehen. Für Abwechslung sorgt eine große Bandbreite an verschiedenen Geschmacksrichtungen. Auch das Sortiment der Low-Fat-Produkte wurde in den letzten Jahren deutlich ausgeweitet. Inzwischen steht Konsumenten ein reichhaltiges Angebot unterschiedlicher fettreduzierter Käsesorten zur Verfügung. So bietet Friesland Foods Cheese neben der großen Auswahl an vollfetten Käsen auch fettreduzierte an: Ob mild, herzhaft oder mit Kräutern und Gewürzen verfeinert – für jeden Geschmack ist etwas dabei.

Käse ist nicht gleich Käse!

Welche Kriterien gibt es eigentlich, um verschiedene Käsevarianten zu unterscheiden? Was ist eine Käsegruppe im Gegensatz zu einer Käsesorte oder einer Käsemarke? Und dann wird auch noch unterschiedlich klassifiziert! Einmal nach Wassergehalt in der fettfreien Käsemasse, das andere Mal nach Fettgehalt in der Trockenmasse. Aber so kompliziert, wie es auf den ersten Blick erscheint, ist die Einteilung nicht.

KÄSEGRUPPEN, -SORTEN & -MARKEN

Käse kann entsprechend dem Wassergehalt in der fettfreien Masse kategorisiert werden. Je geringer dieser ist, desto härter ist der Käse. Entsprechend können die einzelnen Sorten oder Marken den insgesamt sieben verschiedenen Käsegruppen zugeordnet werden. Ein kleiner Überblick:

KÄSEGRUPPEN

Hartkäse weist den höchsten Trockenmassegehalt auf. Die Reifungszeit beträgt mindestens zwei Monate, manchmal sogar mehrere Jahre. Hartkäse hat eine feste Konsistenz, einen pikanten Geschmack und eine gute Haltbarkeit. Es gibt ihn mit und ohne Löcher. Zu dieser Gruppe gehören beispielsweise Bergkäse, Parmesan und Emmentaler.

Schnittkäse ist weicher als Hartkäse und lässt sich gut schneiden. Die Reifung sollte mindestens vier

Wochen dauern. Schnittkäse hat meist eine glatte Oberfläche. Die wichtigsten Sorten sind Gouda und Edamer.

Halbfester Schnittkäse reift zwischen drei und fünf Wochen. Durch seinen höheren Feuchtanteil ist er nur bedingt schneidefähig und noch etwas weicher als Schnittkäse. Zu dieser Käsegruppe gehören zum Beispiel Butterkäse, Edelpilzkäse und Steinbuscher.

Weichkäse ist feuchter und damit deutlich weicher als Hart- und Schnittkäse. Das Besondere: Weichkäse reift von außen nach innen. Der Reifegrad lässt sich leicht durch Anschneiden bestimmen. Ist er noch frisch, hat der Käse einen quarkigen Kern. Ein Weichkäse ist nach etwa zehn Tagen ausgereift.

Frischkäse wird durch Milchsäuregerinnung gewonnen und hat den geringsten Trockenmasseanteil aller Käsegruppen. Er benötigt keine Reifezeit, sondern kommt „frisch“ auf den Tisch. Frischkäse wird auch mit Kräutern, Früchten oder Gewürzen verfeinert.

Sauermilchkäse wird aus Sauermilchquark der Magerstufe gewonnen. Er ist daher sehr kalorienarm und hat einen besonders hohen Eiweißgehalt. Die Milch gerinnt durch natürliche Säuerung oder mittels zugesetzter Milchsäurebakterien.

Schmelzkäse wird nicht direkt aus Milch gewonnen, sondern mithilfe von Wärme und Schmelzsalzen aus zerkleinerten Hart-, Schnitt- oder Weichkäsestücken hergestellt. Laut Käseverordnung gilt Schmelzkäse als „Käsezubereitung“. Diese kann durch Zutaten wie Champignons oder Kräuter verfeinert werden.

DIE HITLISTE:

Der Gouda ist Exportschlager Nummer eins und stammt ursprünglich aus dem Städtchen Gouda, nordöstlich von Rotterdam, in der Provinz Südholland. Knapp 60 Prozent der niederländischen Käseproduktion entfallen auf diese Sorte.

Nummer zwei der Exportstatistik ist das jüngste Kind der niederländischen Käsekunst: der Maasdamer. Charakteristisch für diesen Käse, der den Namen der Stadt Maasdam in der Provinz Südholland trägt, ist seine große Lochung.

An dritter Stelle steht der Edamer. Er kommt ursprünglich aus der Provinz Nordholland und verdankt seinen Namen dem Städtchen Edam am Ijsselmeer.
Für den kugel- oder brotförmigen Edamer mit seiner für ihn typischen roten oder gelben Wachshülle verwendet der Käser teilentrahmte Milch. Die Stadt Alkmaar war lange Zeit der wichtigste Handelsplatz für Edamer. Noch heute lockt der zwischen April und September abgehaltene traditionelle Käsemarkt allwöchentlich Touristen aus ganz Europa an.

So lagern Sie Käse richtig!

Ist man endlich reich bepackt mit dem Einkauf an der Käsetheke wieder zu Hause angekommen, taucht eine nicht unerhebliche Frage auf: Wie lagere ich die kostbare Ware am besten? Drei Dinge spielen dabei eine wichtige Rolle: Temperatur, Licht und Luft. Käse sollte kühl, verpackt und dunkel gelagert werden. Kühl, damit der Käse nicht nachreift und nicht vorzeitig verschimmelt, und ohne Licht, damit sich das Milchfett nicht verändert, was zu unangenehmem Geruch und Vitamin- sowie Geschmacksverlust führt. Eine geeignete Verpackung, zum Beispiel Folien aus Aluminium oder Kunststoff, verhindert Austrocknung und Aromaverlust. Käseglocken sind besonders für Käse geeignet, der nachreifen soll, da sie verhältnismäßig luftdurchlässig sind. Abdeckungen, die aus Fichtenholz hergestellt wurden, sind zu bevorzugen, da sie antibakteriell wirken. Die nicht vollständig abgeschlossenen Varianten sind jedoch für Käsesorten mit sehr intensivem Aroma ungeeignet – die Gründe liegen auf der Hand. So lagern Sie Ihre Lieblingskäsesorte optimal:

WEICHKÄSE (Z. B. CAMEMBERT)

Empfohlene Verpackung: Folien aus Aluminium oder Klarsichtfolie – der Käse sollte aber „atmen" können. Empfohlene Lagertemperatur: 6–8 Grad; beim Kauf auf folgende Qualitätsfehler achten: Fremdschimmel, graue Kanten, runde Löcher, saurer, bitterer, ammoniakartiger Geschmack, fließende oder zu feste Konsistenz, Flecken auf der Oberfläche, schmierig (außer Rotschmierkäse), zu weicher Rand.

SAUERMILCHKÄSE (Z. B. HARZER)

Empfohlene Verpackung: Frischhaltefolie, Tontopf; empfohlene Lagertemperatur: 6–8 Grad; beim Kauf auf folgende Qualitätsfehler achten: Hier gilt Gleiches wie beim Weichkäse (s. o.).

HART- UND SCHNITTKÄSE

Empfohlene Verpackung: Kunststofffolie, möglichst eng eingeschlagen; gewachstes oder beschichtetes Papier- und Pergament; Kunststoffbeutel; empfohlene Lagertemperatur: 4–7 Grad; beim Kauf auf folgende Qualitätsfehler achten: saurer, beißender, bitterer oder muffiger Geruch/Geschmack, untypische Lochung, z. B. im Emmentaler viele kleine Löcher; bröckelige Substanz, z. B. beim Tilsiter; schmierige oder braune Oberfläche.

FRISCHKÄSE

Empfohlene Verpackung: Kunststoffbecher; empfohlene Lagertemperatur: 4 Grad; beim Kauf auf folgende Qualitätsfehler achten: viel Molke an der Oberfläche, extrem klebrige, weiche oder zu feste Konsistenz, seifiger, bitterer, heftiger, ranziger oder zu salziger Geruch/Geschmack, Schimmel.

Rezepte für Aufschneider

Red Hot Wraps

ZUTATEN FÜR 10 STÜCK:
170 g Mehl
5 Eier (Gew.-Kl. L)
1/2 l Milch
1 Prise Salz
1/2 Bund glatte Petersilie
60 g Butterschmalz
300 g Frico Red Hot
50 g Rucola
150 g Salatmayonnaise
10 Scheiben Parmaschinken (ca. 150 g)

Nährwerte pro Stück:
kJ/kcal: 1768/421
Eiweiß: 17 g
Kohlenhydrate: 16 g
Fett: 29 g

① Mehl mit Eiern, Milch und Salz zu einem glatten Teig verrühren und 10 Minuten quellen lassen.

② In der Zwischenzeit die Petersilie waschen, trocken schütteln, Blätter von den Stielen zupfen und fein hacken. Anschließend die Petersilie unter den Teig rühren.
In heißem Fett nacheinander 10 dünne Pfannkuchen (Durchmesser ca. 15 cm) backen und abkühlen lassen.

③ Käse entrinden und in lange Balken schneiden. Rucolastiele etwas kürzen, den Salat putzen, waschen und gut abtropfen lassen.

④ Abgekühlte Pfannkuchen zur Hälfte mit Salatmayonnaise bestreichen, mit jeweils 1 Scheibe Schinken belegen, Käsebalken und Rucolablätter darin einrollen.
Pfannkuchen unterhalb der Füllung umschlagen. Unteren Teil der Wraps mit einer weißen (farbige könnten färben) Papierserviette umwickeln und aufrecht nebeneinander in eine Schüssel stellen.

Frico-TIPP

- Wer sich aus Zeitgründen die Zubereitung der Pfannkuchen sparen möchte, kann auch einfach fertige Weizentortillas aus dem Supermarkt verwenden.
- Statt Parmaschinken Salami oder Mortadella verwenden.

Sandwich mit Käse und Schinken

1. Alle Toastbrotscheiben mit einer feinen Schicht Butter bestreichen.

2. Die Hälfte der Scheiben mit dem Käse und dem rohen Schinken belegen, die restlichen Scheiben darauflegen und etwas festdrücken.

3. Im Sandwichtoaster goldbraun toasten. Sollte Ihnen kein Sandwichtoaster zur Verfügung stehen, können Sie die Toasts auch im Ofen rösten.

4. Vor dem Servieren die Toasts diagonal in zwei Hälften schneiden.

ZUTATEN FÜR 4 PORTIONEN:
500 g Toastbrot
15 g Butter
70 g Frico Gouda mittelalt
100 g roher Schinken

Nährwerte pro Portion:
kJ/kcal: 2218/528
Eiweiß: 17 g
Kohlenhydrate: 63 g
Fett: 21 g

Frico-TIPP

- Versuchen Sie statt rohem Schinken auch mal einen anderen Aufschnitt, z. B. gekochten Schinken, Salami oder grobe Mettwurst.
- Anstatt mit Butter können Sie das Brot auch mit Mayonnaise bestreichen.

ZUTATEN FÜR 1 PORTION:
50 g rote Paprikaschote
1 Lauchzwiebel (30 g)
10 g Butter
1 dicke Scheibe Frico Gouda jung (50 g)
1–2 Salatblätter
1 Pitabrottasche

① Paprika putzen, waschen und in lange Streifen schneiden. Lauchzwiebel putzen, waschen und in gleichlange Stücke teilen. Butter in der Pfanne schmelzen und das Gemüse darin 2 Minuten dünsten, anschließend abkühlen lassen.

② Frico Gouda jung entrinden und in Balken schneiden. Salatblätter waschen und gut abtropfen lassen.

③ Pitabrot nach Packungsanweisung 2–3 Minuten toasten und an der Markierung abschneiden. Etwas abgekühlt mit Paprikastreifen, Zwiebelstücken, Käsebalken und Salatblättern füllen.

Gefülltes Pitabrot

Nährwerte pro Portion:
kJ/kcal: 2520/600
Eiweiß: 24 g
Kohlenhydrate: 68 g
Fett: 26 g

Lauwarmes Knusperbrot

1. Zwiebeln, Paprika und Tomaten fein würfeln. Oliven in Ringe schneiden.

2. Zwiebelwürfel mit einem EL Öl in einer Pfanne glasig dünsten. Paprika, Oliven, Tomaten, Kapern und Kräuter zugeben, alles etwa 3 Minuten dünsten.

3. Käsescheiben in kleine Quadrate schneiden und unter das Gemüse mischen. Mit Salz und Pfeffer abschmecken. Brotscheiben mit restlichem Öl von beiden Seiten knusprig rösten, das Gemüse auf die Brote häufen und sofort servieren.

ZUTATEN FÜR 4 STÜCK:
1 kleine Zwiebel (20 g)
200 g gelbe Paprikaschoten
300 g Tomaten
50 g grüne, entsteinte Oliven
2 EL Olivenöl
20 g Kapern
2 Zweige Thymian
3 Zweige Oregano
3 Scheiben Frico Gouda alt (ca. 120 g)
Salz, Pfeffer
4 Scheiben helles Bauernbrot à 55 g

Nährwerte pro Stück:
kJ/kcal: 1361/324
Eiweiß: 12 g
Kohlenhydrate: 26 g
Fett: 18 g

Kleine Köstlichkeiten

Saté-Spieße mit Käsesoße

ZUTATEN FÜR 4 PORTIONEN:
350 g Rinderfilet
(am besten eine Filetspitze)
2 EL Sojasoße
2 EL Sesamöl
einige Tropfen Tabasco
4 Scheiben frische Ananas
(240 g)
2 EL Pflanzenöl
35 g Butter
30 g Mehl
1/8 l Fleischbrühe (instant)
1/8 l Schlagsahne
5 cl trockener Sherry
80 g Frico Kernhem
Salz
weißer Pfeffer
3 Zweige Zitronenmelisse

Nährwerte pro Portion:
kJ/kcal: 2083/496
Eiweiß: 25 g
Kohlenhydrate: 16 g
Fett: 32 g

1. Rinderfilet der Länge nach in 8 Streifen schneiden. In eine Marinade aus Sojasoße, Sesamöl und Tabasco 30 Minuten einlegen.

2. Ananasscheiben in jeweils 8 Stücke schneiden. Fleisch aus der Marinade nehmen. Je einen Fleischstreifen wellenförmig mit jeweils 4 Ananasstücken auf die untere Hälfte eines Holzspießes stecken.

3. In heißem Öl von jeder Seite 2–3 Minuten braten. Für die Soße Butter schmelzen, Mehl einrühren und mit Fleischbrühe, Sahne und Sherry aufkochen. Unter Rühren 3 Minuten durchkochen lassen. Käse entrinden, grob raspeln und in die Soße rühren und schmelzen, nicht mehr kochen lassen.

4. Mit Salz und Pfeffer abschmecken. Gewaschene Zitronenmelisse von den Stielen zupfen, Blätter feinstreifig schneiden und in die Soße rühren. Saté-Spieße mit Chili-Reis und Soße servieren.

Überbackene Krabbenrösti

Nährwerte pro Portion:
KJ/kcal: 2323/553
Eiweiß: 38 g
Kohlenhydrate: 17 g
Fett: 26 g

ZUTATEN FÜR 4 PORTIONEN:
100 g Hartweizengrieß
3 Eier (Gew.-Kl. M)
400 g Nordseekrabbenfleisch
wenig Salz
schwarzer Pfeffer aus der Mühle
40 g Butterschmalz
200 g Kirschtomaten
200 g Frico Kernhem
Schnittlauch

1. Grieß mit Eiern in einer Schüssel verrühren und 15 Minuten quellen lassen. Krabbenfleisch, wenig Salz und frisch gemahlenen Pfeffer unterrühren. Butterschmalz in einer Pfanne erhitzen. Krabbenmischung in 8 Portionen teilen und zu flachen Rösti formen.

2. In Butterschmalz bei mittlerer Hitzezufuhr von jeder Seite ca. 3–4 Minuten braten, bis die Rösti bräunlich werden. Rösti auf ein Blech geben. Tomaten waschen und vierteln. Rösti mit Tomaten und Käse belegen.

3. Im heißen Ofen bei 200 °C 1 Minute überbacken. Vor dem Servieren mit gewaschenem Schnittlauch garnieren. Dazu schmeckt knuspriges Brot oder Kartoffelsalat ohne Mayonnaise.

Anchovis-Spießchen mit Cherry-tomaten, Käse und Basilikumöl

1. Den Frico Gouda mittelalt in Würfel von der Größe der Cherry-tomaten schneiden.

2. Die Spießchen jeweils abwechselnd mit einer Tomate, einem Würfel Käse, einer Anchovis und einem Blatt Basilikum bestücken und dies noch 2 Mal pro Spießchen wiederholen.

3. Die übrig gebliebenen Basilikumblätter zerkleinern, mit dem Öl mischen und die Spießchen darin marinieren. Die Spießchen mit Kresse servieren.

ZUTATEN FÜR 4 PORTIONEN:
100 g Frico Gouda mittelalt
1 Packung (250 g) Cherrytomaten
12 Anchovis
1 Bund Basilikum
2 EL Olivenöl
70 g Kresse

Nährwerte pro Portion:
kJ/kcal: 907/216
Eiweiß: 14 g
Kohlenhydrate: 1 g
Fett: 17 g

Frico-TIPP

▶ Die Spießchen eignen sich – in etwas größerer Menge zubereitet – für jedes Partybüffet. Aber nicht jeder Gast mag Anchovis. Bereiten Sie deshalb als Alternative auch einige Spießchen ohne Anchovis zu. Für die richtige Würze mit etwas grobem Meersalz bestreuen.

Gefüllte Teignester

ZUTATEN FÜR 4 PORTIONEN:
2 große Blätter Yufka-Teig (türkisches Fertigprodukt)
3 EL Öl
2 Lauchzwiebeln
10 g Butter
400 g Tomaten
200 g Frico Brennnessel

Nährwerte pro Portion:
kJ/kcal: 1747/416
Eiweiß: 15 g
Kohlenhydrate: 12 g
Fett: 33 g

Frico-TIPP

- Statt Yufka-Teigblätter können Sie auch dünn ausgerollten TK-Blätterteig verwenden.

① Aus den Teigblättern 8 Quadrate von je 12 cm Kantenlänge schneiden. Jeweils 2 Teigquadrate sternförmig versetzt in geölte Tortelettförmchen (8 cm Durchmesser) legen, dabei jede Teiglage mit Öl bestreichen.

② Zwiebeln putzen, waschen, fein würfeln bzw. in feine Ringe schneiden und in Butter dünsten. Tomaten waschen, halbieren und Blütenansätze entfernen. Früchte anschließend entkernen und würfeln.

③ Käse ebenfalls würfeln, mit Zwiebeln und Tomaten mischen. In die 4 Teigkörbchen füllen. Teigkörbchen auf einem Blech im vorgeheizten Ofen bei 200 °C ca. 10 Minuten backen.

ZUTATEN FÜR 4 PORTIONEN:
100 g Mehl
1 TL Backpulver
je 60 g Frico Gouda jung und mittelalt, gerieben
1 EL Milch
60 g Butter
1 Eigelb
60 g Frico Maasdam

Käsegebäck

Nährwerte pro Portion:
kJ/kcal: 1596/380
Eiweiß: 15 g
Kohlenhydrate: 18 g
Fett: 27 g

Frico-TIPP

- Nach dem Abkühlen kann das Gebäck luftdicht verschlossen werden. So hält es sich eine geraume Zeit.
- Das Gebäck vor dem Backen auf Vorrat einfrieren. Dann brauchen Sie es nach dem Auftauen nur noch zu backen.

1. Das Mehl mit dem Backpulver mischen und damit einen Kreis auf der Arbeitsfläche formen. Den geriebenen Frico Gouda jung und mittelalt, Milch und Butter in die Mitte geben und mit einer Gabel oder einem Schaber langsam unterkneten. Dann mit den Händen weiterkneten. Den gut durchgekneteten Teig zudecken und 10 Minuten im Kühlschrank gehen lassen.

2. Den Teig mit dem Nudelholz ausrollen und 3–4 cm große Kreise oder Rechtecke ausstechen. Den übrig gebliebenen Teig wieder ausrollen und den Prozess so lange wiederholen, bis der gesamte Teig verbraucht ist.

3. Die Teigstückchen auf ein gefettetes Blech legen, mit Eigelb bestreichen und dann mit dem geriebenen Frico Maasdam bestreuen.

4. Bei 180 °C 15–20 Minuten goldbraun backen. Warm oder kalt servieren.

Ziegenkäse-Carpaccio

ZUTATEN FÜR 4 PORTIONEN:
ca. 150 g Frico Belle Blanche
2 Granatäpfel
3 EL Rotweinessig
1 EL Grenadinesirup
2 EL Traubenkernöl
weißer Pfeffer aus der Mühle
1/2 Bund Zitronenmelisse

Nährwerte pro Portion
KJ/kcal: 1105/263
Eiweiß: 9 g
Kohlenhydrate: 14 g
Fett: 18 g

① Käse hauchdünn hobeln und auf vier Tellern locker anrichten.

② Granatäpfel halbieren, Kerne mit einem Teelöffel herauslösen und über die Käseportionen verteilen.

③ Essig, Grenadinesirup, Traubenkernöl und Pfeffer verrühren. Käse damit beträufeln. Mit gewaschenen, von den Stielen gezupften Melissenblättchen bestreuen. Dazu schmeckt geröstetes Toastbrot.

Tomaten-Käse-Rondell

1. Die Oliven, die Zwiebel und die Kräuter mit dem Pürierstab zerkleinern und mit Öl, Essig, Salz und Pfeffer mischen.

2. Die Tomaten blanchieren, abziehen, in hauchdünne Scheiben schneiden und mit Salz, Pfeffer, Oregano und ein wenig Öl würzen. 5–6 cm große Kreise aus dem Käse stanzen.

3. Aus Alufolie kleine Zylinder in der Größe der Käserondelle herstellen. Die Zylinder werden auf eine Platte gestellt und dann mit einer Schicht Tomate, einer Schicht Käse, einer weiteren Schicht Tomate usw. gefüllt (jeweils 4 Schichten). Zwischendurch immer wieder leicht festdrücken.

4. Die Platte mit den Rondellen leicht schräg in den Kühlschrank stellen, damit die Flüssigkeit aus den Tomatenscheiben abläuft.

5. Vor dem Servieren die Rondelle aus der Folie nehmen, auf einer Servierplatte oder einzeln auf Tellern anrichten, mit gehackter Petersilie bestreuen und die Vinaigrette hinzugeben.

Frico-TIPP

- Die Tomaten-Käse-Rondelle mit einer Gemüsejulienne dekorieren.

ZUTATEN FÜR 4 PORTIONEN:
Für die Vinaigrette mit schwarzen Oliven:
16–18 schwarze Oliven
1 Zwiebel
1 EL gehackte Basilikumblätter
1 EL gehackte Petersilie
1 EL gehackte Minze
8 EL kalt gepresstes Olivenöl
2 EL Essig
Salz und Pfeffer

1/2 kg reife Tomaten
Salz und Pfeffer, Oregano, Öl
250 g Frico alt

Nährwerte pro Portion:
kJ/kcal: 2285/544
Eiweiß: 19 g
Kohlenhydrate: 3 g
Fett: 49 g

1. Den Mangold 15 Sekunden in kochendes Wasser geben. Danach abschrecken und abtropfen lassen. Die Tomaten ebenso in kochendes Wasser geben, abziehen und aushöhlen.

2. Die Kartoffeln ca. 6–7 Minuten in der Mikrowelle gar kochen und ungeschält aushöhlen. Die Aubergine und die Zucchini halbieren, in 4 cm große Stücke schneiden und aushöhlen, dabei einen dünnen Rand stehen lassen.

3. Die Frico Käse einzeln fein würfeln und jedes Gemüse mit einem anderen Käse füllen. Die gefüllten Gemüse auf ein Backblech geben und mit Olivenöl beträufeln. Mit Paniermehl, dem klein gehackten Knoblauch und der gehackten Petersilie bestreuen. Mit Salz, Pfeffer und Muskatnuss würzen. Gefülltes Gemüse 15 Minuten lang in den auf 180 °C vorgeheizten Ofen geben.

Gefülltes Gemüse mit 5 Käsesorten

ZUTATEN FÜR 4 PORTIONEN:

4 große Mangoldblätter
4 kleine reife Tomaten
4 kleine Kartoffeln
1 Aubergine
1 Zucchini
50 g Frico Knoblauch
50 g Frico Maasdam
50 g Frico Belle Blanche
50 g Frico Pfeffer
50 g Frico Gouda jung
2 EL Olivenöl
40 g Paniermehl
Knoblauch
Petersilie
Gartenkräuter
Salz, Pfeffer und Muskatnuss

Nährwerte pro Portion:
kJ/kcal: 1676/399
Eiweiß: 21 g
Kohlenhydrate: 20 g
Fett: 25 g

Frico-TIPP

- Vorsichtig würzen, um den Geschmack der einzelnen Zutaten nicht zu überdecken.

Knackige Salate

Pastasalat mit Gemüsestreifen auf Mailänder Art

ZUTATEN FÜR 4 PORTIONEN:
1 kleine Zucchini
1 Möhre
1 reife Tomate
1 Gemüsezwiebel
100 g Champignons
Zitronensaft
100 g frische Bandnudeln
150 g Frico Gouda mittelalt
1 Dose Thunfisch in Öl

Für die Vinaigrette:
8 EL Öl
2 EL Essig
2 hart gekochte Eier, klein geschnitten
1 kleine Zwiebel, gehackt
gehackte Petersilie
gehacktes Basilikum
Salz, Pfeffer und Senf

1. Die Zucchini und die Möhre ungeschält in feine Scheiben schneiden und blanchieren. Abtropfen lassen und in Eiswasser abschrecken. Ebenso die Tomate blanchieren, abziehen, entkernen und in feine Streifen schneiden. Die Zwiebeln in feine Scheiben schneiden. Die Champignons waschen, in feine Scheiben schneiden, blanchieren, abschrecken, salzen und mit Zitrone beträufeln.

2. In der Zwischenzeit die Pasta al dente kochen, abschrecken und mit etwas Öl beträufeln. Alle Zutaten für die Vinaigrette mischen.

3. Den Frico mittelalt mit dem Kartoffelschäler zu Spänen verarbeiten.

4. Das Gemüse mit der Pasta, dem Thunfisch und der Vinaigrette in einer Schüssel mischen. Mit den Käsespänen bestreuen.

Nährwerte pro Portion:
kJ/kcal: 2810/669
Eiweiß: 29 g
Kohlenhydrate: 22 g
Fett: 49 g

Frico -TIPP

▶ Erfrischend leichter Sommersalat. Ohne Thunfisch eignet sich dieser Salat auch hervorragend als Beilage zu paniertem Fleisch.

Sommersalat mit Flusskrebsschwänzen

ZUTATEN FÜR 4 PORTIONEN:
1 Pflücksalat oder anderer grüner Blattsalat
150 g Kirschtomaten
ca. 200 g Frico Gouda jung, in 3 mm dicken Scheiben
150 g ausgelöste Flusskrebsschwänze
8–12 Kapuzinerkresseblüten
1 TL mittelscharfer Senf
Salz, Pfeffer
1 TL Zucker
3–4 EL Weinessig
2–3 EL Walnussöl
1 Bund Schnittlauch

Nährwerte pro Portion:
kJ/kcal: 1369/326
Eiweiß: 18 g
Kohlenhydrate: 4 g
Fett: 24 g

1. Salat putzen, waschen, zerpflücken und gut abtropfen lassen. Tomaten waschen und vierteln.

2. Käse in schmale, kurze Streifen schneiden. Mit Flusskrebsschwänzen und Kapuzinerkresseblüten dekorativ auf vier Portionstellern anrichten.

3. Aus Senf, Salz, Pfeffer, Zucker, Essig, Öl und 2–3 EL Wasser eine Marinade rühren.

4. Schnittlauch waschen, trocken schütteln, in Röllchen schneiden und unter das Dressing rühren. Salatportionen mit der Vinaigrette beträufeln und sofort servieren.
   Dazu schmeckt knuspriges Baguette.

Bulgursalat mit Käse

ZUTATEN FÜR 4 PORTIONEN:
160 g Bulgur
(im türkischen oder arabischen Lebensmittelgeschäft erhältlich)
120 g Frico Maasdam
1 kleine Zwiebel
2 große Tomaten
1 kleine grüne Paprikaschote
20 g Walnüsse
20 g Rosinen

Für die Soße:
6 EL Olivenöl
Saft einer Zitrone
gemahlener Zimt
1 Bund frische fein gehackte Minze

Nährwerte pro Portion:
kJ/kcal: 1991/474
Eiweiß: 13 g
Kohlenhydrate: 34 g
Fett: 29 g

1. Für dieses Rezept benötigen Sie einen Topf mit Dampfeinsatz.

2. Den Bulgur mit etwas Wasser benetzen und mit den Händen gut durchmischen. Mit einem feuchten Tuch abdecken und 15 Minuten ruhen lassen.

3. Bulgur in den Dampfeinsatz geben und etwa 7 Minuten über kochendem Wasser garen. Dann Einsatz herausnehmen, den Bulgur etwas auflockern, wieder anfeuchten, nochmals mit einem feuchten Tuch abdecken, 15 Minuten ruhen lassen und wieder 7 Minuten lang im Dampfeinsatz kochen. Den Bulgur auf einen Teller geben und mit einem feuchten Tuch bedeckt erkalten lassen.

4. Käse würfeln und die anderen Zutaten hacken und mit dem Bulgur vermengen. Sauce zubereiten und darübergeben. Vor dem Verzehr einige Minuten ziehen lassen. Frisch, aber nicht zu kalt servieren.

Würziges Gouda-Tatar

① Käse entrinden und grob raspeln. Radieschen putzen und waschen. 4 Radieschen in Scheiben schneiden und zum Garnieren beiseite stellen. Restliche Radieschen achteln oder fein stifteln.

② Kapern abgießen. Schnittlauch waschen, gut trocken schütteln und in Röllchen schneiden.

③ Alle Zutaten mischen. Mit frisch gemahlenem Pfeffer würzen und mit Essig und Öl abschmecken. Tatar mit Radieschenscheiben garnieren. Dazu schmeckt knuspriges Brot.

Frico-TIPP

▶ Statt Kapern kleine, in Scheiben geschnittene Cornichons verwenden.

ZUTATEN FÜR 4 PORTIONEN:

300 g Frico Gouda jung, am Stück
1 Bund Radieschen
60 g Kapern
1 Bund Schnittlauch
Pfeffer aus der Mühle
2–3 EL Weinessig
3 EL ÖL

Nährwerte pro Portion:

kJ/kcal: 1529/364
Eiweiß: 17 g
Kohlenhydrate: 0,5 g
Fett: 32 g

Nudelsalat mit Käse

ZUTATEN FÜR 4 PORTIONEN:
300 g Schleifchennudeln (Farfalle)
Salz
3 EL Olivenöl
1/4 Kopf heller Eichblattsalat
200 g Kirschtomaten
125 g TK-Erbsen
1/8 l Hefebrühe (Instant)
100 g rote Zwiebeln
150 g Honiggurken (Glas)
300 g Frico Maasdam
50 g schwarze Oliven
2 EL Weinessig
Pfeffer
3–4 Zweige Basilikum

Nährwerte pro Portion:
kJ/kcal: 2986/711
Eiweiß: 33 g
Kohlenhydrate: 62 g
Fett: 36 g

1. Nudeln in reichlich Salzwasser mit 1 EL Öl bissfest garen. Wasser durch ein Sieb abgießen, Nudeln abtropfen und abkühlen lassen.

2. Salat waschen und in mundgerechte Stücke zupfen. Auf 4 Portionsteller verteilen. Tomaten waschen und vierteln. Erbsen in Hefebrühe 2 Minuten garen und abtropfen lassen.

3. Zwiebeln abziehen und in feine Ringe schneiden. Honiggurken abtropfen lassen und den Sud auffangen. Gurkenstücke etwas kleiner schneiden. Käse entrinden, zuerst in Scheiben, dann in ca. 5 cm lange Streifen schneiden.

4. Oliven abtropfen lassen. Salatzutaten mischen und auf den Salatblättern anrichten. Mit einem Dressing aus 1/8 l Gurkenaufguss, Essig, restlichem Olivenöl, wenig Salz und Pfeffer übergießen. Vor dem Servieren mit gewaschenen, gezupften Basilikumblättchen bestreuen.

Orangensalat

ZUTATEN FÜR 4 PORTIONEN:
1 Friséesalat
5 Orangen
150 g rote Paprikaschoten
ca. 200 g Frico Gouda mittelalt
1 TL flüssiger Honig
1–2 TL mittelscharfer Senf
Pfeffer aus der Mühle
2 EL Öl
4 Scheiben Toastbrot
30 g Butter

Nährwerte pro Portion:
kJ/kcal: 2087/497
Eiweiß: 17 g
Kohlenhydrate: 38 g
Fett: 30 g

(1) Salat putzen, waschen und in mundgerechte Stücke zerpflücken, gut abtropfen lassen. 3 Orangen mit einem scharfen Messer schälen und Filets zwischen den weißen Häutchen herausschneiden.

(2) Paprika putzen, vierteln, entkernen, waschen und in feine Streifen schneiden. Käse entrinden, zuerst in 0,5 cm dicke Scheiben, dann in kleine Rauten schneiden.

(3) Salatzutaten auf 4 Portionstellern anrichten. Eine Orange auspressen, mit Honig, Senf, Pfeffer und Öl verrühren. Über die Salatportionen träufeln.

(4) Toastscheiben entrinden, würfeln. In geschmolzener Butter in einer Pfanne goldgelb rösten. Über den Salat streuen. Letzte Orange in Scheiben schneiden und auf den Salatportionen anrichten.

Nährwerte pro Portion:
kJ/kcal: 3032/722
Eiweiß: 27 g
Kohlenhydrate: 43 g
Fett: 47 g

Gebackene Käsewürfel auf Gartensalat

ZUTATEN FÜR 4 PORTIONEN:
1/2 Eichblatt
1/2 Pflücksalat
2 rotschalige Äpfel
2 Birnen
3 EL Zitronensaft
1 Tablett rote Radieschenkresse
1 Tablett grüne Radieschenkresse
2 EL Wildpreiselbeeren (Glas)
6 EL Öl
3 EL Weinessig
Salz, Pfeffer aus der Mühle
150 g Mehl
8 EL Bier
2 Eiweiß
360 g Frico Kümmel
Fett zum Ausbacken

1. Salatsorten waschen, putzen, in mundgerechte Stücke zerpflücken und abtropfen lassen. Äpfel und Birnen waschen, vierteln, Kerngehäuse entfernen, in schmale Spalten schneiden und mit Zitronensaft beträufeln.

2. Salatzutaten auf 4 Portionstellern anrichten. Kresse waschen, Blättchen mit einer Schere abschneiden und auf die Salatportionen verteilen.

3. Preiselbeeren, 4 EL Öl, Essig, Salz und Pfeffer zu einer Marinade verrühren und über die Salate träufeln.

4. 125 g Mehl, restliches Öl und Bier verrühren. Eiweiß steif schlagen, unter den Teig heben. Käse entrinden, in Würfel von 2 cm Kantenlänge schneiden. Zuerst in restlichem Mehl, dann im Teig wenden. Im heißen Fett portionsweise goldgelb ausbacken. Auf den Salat geben und sofort servieren.

Traubensalat mit Käsestreifen

① Cranberrys in wenig Wasser mit Zucker garen, bis die Früchte aufplatzen. Den Sud abgießen und auffangen.

② Weintrauben halbieren und entkernen. Äpfel in schmale Spalten schneiden. Salat in mundgerechte Stücke zupfen.

③ Käsescheiben in schmale Querstreifen schneiden. Limettensaft, Honig, Walnussöl, Salz und Pfeffer mit 4 EL Cranberry-Sud verrühren und über den Salat verteilen. Sesam bräunlich rösten und über den Salat streuen.

ZUTATEN FÜR 4 PORTIONEN:

250 g Cranberrys
1 EL Zucker
300 g helle Weintrauben
300 g dunkle Weintrauben
1 rotschaliger Apfel (150 g)
1 grünschaliger Apfel (150 g)
1 Kopf heller Eichblattsalat
1 Packung Frico Master (ca. 150 g)
4 EL Limettensaft
2 EL flüssiger Honig
2 EL Walnussöl
1 Msp. Salz
weißer Pfeffer aus der Mühle
1 EL Sesamsamen

Nährwerte pro Portion:
kJ/kcal: 1877/447
Eiweiß: 12 g
Kohlenhydrate: 44 g
Fett: 21 g

Leckere Suppen

Nährwerte pro Portion:
kJ/kcal: 1991/474
Eiweiß: 28 g
Kohlenhydrate: 11 g
Fett: 34 g

Gratinierte Brokkolisuppe

ZUTATEN FÜR 4 PORTIONEN:
750 g Brokkoli
1 Zwiebel
2 Knoblauchzehen
1 große Kartoffel
3 EL Olivenöl
frisch gemahlener Pfeffer und Salz
1 l Hühnerbrühe (Brühwürfel oder aus dem Glas)
100 g geschälte Mandeln
2 EL grünes Pesto
200 g geräuchertes Hühnchenfilet
100 g Frico Gouda jung, gerieben

1. Den Brokkoli in Röschen teilen und die Stiele in Stücke schneiden. Die Zwiebel und die Knoblauchzehen schälen und fein schneiden. Die Kartoffel schälen und in Würfel schneiden.

2. Das Olivenöl in einem Suppentopf erhitzen, den Knoblauch und die Zwiebel darin 2 Minuten anbraten. Brokkoli und Kartoffel zufügen, Pfeffer und Salz ebenfalls und die Brühe zugießen. 15 Minuten leicht köcheln.

3. Die Mandeln in einer Pfanne ohne Fett goldbraun rösten. Pesto in die Suppe rühren. Das Hühnchenfilet in schmale Streifen schneiden.

4. Die Suppe mit einem Stabmixer oder in der Küchenmaschine pürieren. Die Mandeln und das Hühnchenfleisch in 4 ofenfesten Suppenschalen verteilen und die Suppe darübergießen. Frico Gouda jung darauf verteilen und die Suppe unter den Grill setzen, bis der Käse leicht geschmolzen ist.

ZUTATEN FÜR 4 PORTIONEN:
2 kg große Tomaten
200 g Zwiebeln
50 g Räucherspeck
2 Fleischbrühwürfel
(für je 1/2 l Flüssigkeit)
1 Bund Basilikum
1/8 l Milch
30 g Butter
65 g Mehl
1 Ei (Gew.-Kl. M)
40 g Frico Gouda alt, feingerieben

Nährwerte pro Portion:
kJ/kcal: 1844/439
Eiweiß: 23 g
Kohlenhydrate: 26 g
Fett: 23 g

Tomatensuppe mit Basilikum-Käseklößchen

1. Tomaten waschen, Stielansätze herausschneiden, die Tomaten grob würfeln. Zwiebeln schälen, würfeln und mit gewürfeltem Speck in einem Topf glasig dünsten. Tomaten und Fleischbrühwürfel zugeben und ca. 10–15 Minuten garen.

2. In der Zwischenzeit Basilikum waschen, gut trocken schütteln. Einige Blättchen zum Garnieren beiseite stellen, den Rest sehr fein schneiden. Milch mit Butter aufkochen und Mehl zugeben. So lange rühren, bis sich der Teigkloß vom Boden löst. In eine Schüssel geben, etwas abkühlen lassen und das Ei unterrühren.

3. Den fast abgekühlten Teig mit Basilikum und Käse verkneten und kleine Klößchen formen. Suppe durch ein Haarsieb streichen und die Klößchen bei milder Hitze darin ziehen lassen. Wenn sie gar sind, schwimmen sie oben. Suppenportionen mit Basilikum bestreut servieren.

Paksoi-Eintopf mit Orange und Käse

ZUTATEN FÜR 4 PORTIONEN:
1 kg geschälte Kartoffeln
Salz
1 Staude Paksoi (ca. 400 g)
3 Orangen
150–200 ml Milch
Pfeffer, Salz
1 EL Currypulver
1 TL Senf
100 g Frico Gouda mittelalt, gerieben

Reichen Sie dazu Fleisch Ihrer Wahl, z.B. Kassler

Nährwerte pro Portion:
kJ/kcal: 1470/350
Eiweiß: 14 g
Kohlenhydrate: 51 g
Fett: 11 g

1. Die Kartoffeln in Salzwasser in 20 Minuten gar kochen. Inzwischen den Paksoi in schmale Streifen schneiden.

2. Eine Orange sauber bürsten und die Schale abreiben. Alle 3 Orangen schälen, in Spalten aufteilen und diese halbieren.

3. Die Kartoffeln abgießen und daraus mit Milch, Pfeffer, Salz, Currypulver, geriebener Orangenschale, Senf und dem geriebenem Käse ein Püree herstellen.

4. Die Paksoistreifen und die Orangenspalten dazugeben und mit erwärmen.

Frico-TIPP

- Anstelle von Paksoi sind 150 g Rucola oder 400 g fein geschnittener Porree auch sehr lecker.
- Den Senf im Paksoi-Eintopf kann man durch 2 EL Sojasoße ersetzen.

Zucchinisuppe

Nährwerte pro Portion:
kJ/kcal: 911/217
Eiweiß: 9 g
Kohlenhydrate: 3 g
Fett: 17 g

ZUTATEN FÜR 4 PORTIONEN:
600 g Zucchini
2 EL Olivenöl
2 Knoblauchzehen
1 kleines Paket Tomatenpüree
1 l Gemüse- oder Kräuterbrühe (Brühwürfel)
100 g Frico Brennnessel
50 g getrocknete Tomaten in Öl
2 EL gehacktes Basilikum (frisch oder TK)

① Die gewaschenen Zucchini in Scheiben schneiden. Das Olivenöl in einem Topf erhitzen und die Zucchini darin 5 Minuten braten. Die geschälten und durchgepressten Knoblauchzehen und das Tomatenpüree zufügen und noch 1 Minute lang braten.

② Die Brühe zugießen und 15 Minuten lang leicht kochen lassen. Die Suppe mit einem Stabmixer oder in der Küchenmaschine pürieren.

③ Den Käse und die Tomaten in Streifen schneiden. In 4 Suppenschalen verteilen. Die warme Suppe darüberfüllen und das Gericht mit Basilikum bestreuen.

Überraschende Hauptgerichte

Geflügelfrikadellen mit Käsefüllung

① Hackfleisch in einer Schüssel mit gewaschener, gut abgetrockneter, gehackter Petersilie, eingeweichtem, ausgedrücktem Brötchen, Ei, abgezogener, geriebener Zwiebel, Salz und Pfeffer gut verkneten.

② Käse entrinden, drei dünne Scheiben abschneiden und beiseite legen. Restlichen Käse in ca. 1 cm große Würfel schneiden. Fleischteig in 12 Portionen teilen, in die jeweils einen Würfel Käse drücken und zu Frikadellen formen.

③ In Butterschmalz bei mittlerer Hitze von beiden Seiten ca. 4 Minuten braten. Pfanne vom Herd nehmen. Käsescheiben in 12 Quadrate schneiden und auf die Frikadellen legen.

④ Pfanne mit einem Deckel zudecken, nochmals auf die erhitzte Herdplatte stellen, bis der Käse geschmolzen ist. Dazu schmeckt bunter Paprikareis mit Oregano.

ZUTATEN FÜR 4 PORTIONEN:

500 g Putenhackfleisch
1 Bund glatte Petersilie
1 Brötchen vom Vortag
1 Ei
1 kleine Zwiebel
Salz, Pfeffer
150 g Frico Belle Blanche (Ziegenkäse), am Stück
30 g Butterschmalz

Nährwerte pro Portion:
kJ/kcal: 1735/413
Eiweiß: 40 g
Kohlenhydrate: 6 g
Fett: 23 g

Gefüllte Kalbsröllchen

ZUTATEN FÜR 4 PORTIONEN:
4 fein geschnittene, zarte Kalbsschnitzel
Salz und Pfeffer
4 Scheiben gekochter Schinken
4 Scheiben Frico mittelalt
Mehl, 1 geschlagenes Ei und Paniermehl

Nährwerte pro Portion:
kJ/kcal: 1327/316
Eiweiß: 33 g
Kohlenhydrate: 6 g
Fett: 17 g

Frico-TIPP

- Die Röllchen vor dem Braten eine halbe Stunde im Kühlschrank kalt stellen, damit das Paniermehl gut am Fleisch haftet.
- Größere Kalbsröllchen vor dem Servieren halbieren. Dazu die Röllchen einfach diagonal durchschneiden.

1. Das Fleisch würzen. Die Schinkenscheiben mit dem Frico mittelalt belegen, den Käse gut darauf festdrücken und beides zusammen einrollen. Jeweils eine Käse-Schinken-Rolle in die Mitte eines jeden Schnitzels legen und im Fleisch einrollen. Die Fleischröllchen mit Mehl bestäuben, in geschlagenem Ei und danach in Paniermehl wenden.

2. Reichlich Öl in eine Pfanne geben, erhitzen und die panierten Kalbsröllchen darin braten. Dann auf Küchenpapier abtropfen lassen und im Ofen bei 70 °C warm halten.

3. Auf einer Servierplatte anrichten und mit einem bunten Salat servieren.

Ofenkartoffeln mit pochierten Eiern gefüllt

ZUTATEN FÜR 4 PORTIONEN:
4 große Kartoffeln (600 g)
60 g Butter
1 Eigelb (Gew.-Kl L)
1/2 Tasse Weißweinessig
4 kleine Eier
25 g Mehl
200 ml Milch
50 g roher Schinken
40 g Frico Gouda jung, gerieben

Nährwerte pro Portion:
kJ/kcal: 1890/450
Eiweiß: 18 g
Kohlenhydrate: 29 g
Fett: 28 g

1. Die Kartoffeln waschen, mit einer Gabel anstechen und ungeschält in Salzwasser gar kochen.
2. Die Kartoffeln, sobald sie ein wenig abgekühlt sind, längs halbieren und aushöhlen. Dabei einen Rand stehen lassen. Das Innere durch die Kartoffelpresse drücken und mit ein wenig Butter und einem Eigelb mischen und würzen. In einen Spritzbeutel mit Sterntülle geben.
3. Wasser mit einer halben Tasse Weißweinessig zum Kochen bringen. Die kleinen Eier einzeln in das kochende Wasser aufschlagen und 3 Minuten lang langsam kochen. Die gegarten Eier vorsichtig herausnehmen und in einen Behälter mit kaltem Wasser geben.
4. 30 g Butter, das Mehl und die Milch zu einer Béchamel verarbeiten (möglichst sämig). Würzen, vom Herd nehmen und den klein geschnittenen Schinken mit etwas geriebenem Frico Gouda jung hinzugeben.
5. In jede Kartoffel ein pochiertes Ei geben und dieses mit der Béchamel übergießen. Dann das Ei und die Béchamel mit dem Püree bedecken und mit dem übrigen geriebenen Frico Gouda jung bestreuen. Im Ofen bei 180 °C ca. 20 Minuten überbacken.

Frico-TIPP

- Wenn Sie die Kartoffeln in der Mikrowelle garen, am besten ein Glas Wasser dazustellen, damit sie nicht austrocknen.
- Der Weißweinessig sorgt dafür, dass sich das Eiweiß nicht verfärbt.

① Die Lachstranchen enthäuten und entgräten und in der Mitte einschneiden. Würzen und eine halbe Stunde lang in Zitronensaft ziehen lassen.

② In der Zwischenzeit die Füllung vorbereiten. Dazu den Spinat blanchieren, mit dem Frico Master, 2 EL Sahne und der feingehackten Zwiebel mischen, leicht würzen und nochmals gut durchmischen. Aus je einem Viertel der Mischung einen Kloß formen.

③ Eine Ofenform mit Butter fetten und die Lachstranchen hineingeben. Die in den Lachs geschnittene Öffnung mit der Spinat-Käse-Mischung füllen. Butterflöckchen auf dem Lachs verteilen, die restliche Sahne mit dem Wein mischen und in die Form geben. Bei 180 °C 10 Minuten im Ofen garen.

④ In einem Topf die Schalotte mit der übrigen Butter und dem Mehl anbraten, kurz köcheln lassen und dann den Martini und den Fischfond hinzugeben. Auf kleiner Flamme köcheln lassen, bis die Soße cremig wird. Dann vom Herd nehmen, den Schnittlauch und die Petersilie hinzugeben und würzen.

⑤ Den Lachs auf ein wenig Sauce zum Servieren anrichten. Dazu passen Salzkartoffeln.

ZUTATEN FÜR 4 PORTIONEN:
4 Lachstranchen (150 g/Stück)
Salz, Pfeffer
Saft einer Zitrone
100 g kleine Spinatblätter
100 g Frico Master, gerieben
1 Becher süße Sahne
1 EL fein gehackte Zwiebel
25 g Butter
100 ml Weißwein
1 Schalotte
1 TL Mehl
25 ml Martini trocken
200 ml Fischfond
gehackter Schnittlauch
Petersilie
Salz
Pfeffer
Muskatnuss

Nährwerte pro Portion:
kJ/kcal: 2579/614
Eiweiß: 38 g
Kohlenhydrate: 9 g
Fett: 44 g

Lachs mit Spinat

Pasta marinara

ZUTATEN FÜR 4 PORTIONEN:
400 g Pasta
Salz
1 Zwiebel
2 Knoblauchzehen
1 rote Chilischote
2 EL Olivenöl
5 Sardellenfilets (aus der Dose)
400 g gemischte Meeresfrüchte (frisch oder TK)
10 schwarze Oliven ohne Kern
400 g gewürfelte Tomaten in Saft (Packung)
100 g Frico Gouda jung, gerieben
2 EL gehacktes Basilikum (frisch oder TK)

Nährwerte pro Portion:
kJ/kcal: 2402/572
Eiweiß: 31 g
Kohlenhydrate: 72 g
Fett: 18 g

1. Die Pasta nach Packungsanweisung kochen. Zwiebeln und Knoblauch schälen und schneiden. Chilischote ohne Kerne in Stückchen schneiden.

2. Das Olivenöl im Wok oder einer kleinen Pfanne erhitzen. Darin Zwiebel und Knoblauch anrösten. Die Chilischote, die in Stücke geschnittenen Sardellenfilets und den Fisch zugeben und bei großer Hitze 3 Minuten unter Rühren braten.

3. Die Oliven in Scheiben schneiden und zusammen mit den Tomatenwürfeln zu den Meeresfrüchten geben. Alles gut erhitzen. Die Hälfte des Käses mit der Pasta mischen und die Soße, bestreut mit dem restlichen geriebenen Käse und dem Basilikum, dazu servieren.

Frico-TIPP

▶ Die Meeresfrüchte können nach Geschmack durch Garnelen, Krabbensticks (Surimi) und gekochte Muscheln oder durch Weißfischfilet wie Tilapia, Seewolf und Schwertfisch ersetzt werden.

Frico -TIPP

- Die Soße kann auch mit etwas Zitronensaft zubereitet werden.

Nährwerte pro Portion:
kJ/kcal: 1966/468
Eiweiß: 27 g
Kohlenhydrate: 1 g
Fett: 38 g

Barbe aus dem Ofen

ZUTATEN FÜR 4 PORTIONEN:
4 Barben (200 g)
50 ml Olivenöl
100 g Frico Master
100 g schwarze Oliven
3 EL gehacktes Basilikum
1 EL gekackte Petersilie
20 g Pinienkerne
15 ml Wasser
Salz

1. Die Barben entschuppen und ausnehmen. Filetieren und die Gräten entfernen.
2. 4 Filets mit der Haut nach unten auf ein mit Olivenöl benetztes Backblech legen, mit Frico Master und schwarzen Oliven füllen und mit dem jeweiligen Gegenstück zudecken.
3. Ca. 10 Minuten bei 180 °C backen.
4. Für die Soße das Basilikum, die Petersilie, die Pinienkerne, Wasser und Öl mit dem Pürierstab zerkleinern. Danach sieben und salzen.

Gemüsetopf mit Käsepolenta

ZUTATEN FÜR 4 PORTIONEN:
1 1/2 l Gemüsebrühe (Instant)
100 g Polentagrieß
ca. 75 g Frico Knoblauch, gerieben
200 g Auberginen
150 g rote Paprikaschoten
150 g gelbe Paprikaschoten
200 g Zucchini
1 Peperoni
50 g Schalotten
2 EL Olivenöl
1 Packung stückige Tomaten (500 g)
1 Dose Artischockenherzen
(240 g Abtropfgewicht)
1/2 Bund Oregano
Salz, Pfeffer

Nährwerte pro Portion:
kJ/kcal: 1302/310
Eiweiß: 12 g
Kohlenhydrate: 25 g
Fett: 17 g

1. 1/2 l Gemüsebrühe aufkochen, Polentagrieß einrühren, bei geringer Hitze 5 Minuten quellen lassen, dabei ab und zu umrühren. 50 g Käse unterrühren. Polenta ca. 1 cm hoch auf ein mit Frischhaltefolie ausgelegtes Blech streichen und abkühlen lassen.

2. Inzwischen Auberginen, Paprika und Zucchini putzen, waschen, in mundgerechte Stücke schneiden. Gewaschene Peperoni halbieren, entkernen, in kleine Stücke schneiden.

3. Fein gewürfelte Schalotten in einem Topf in erhitztem Öl glasig dünsten. Gemüse zugeben und anbraten. Tomaten zugeben, mit restlicher Gemüsebrühe aufgießen. 10 Minuten kochen lassen. Artischockenherzen abtropfen lassen und miterhitzen.

4. Mit gewaschenem, gehacktem Oregano, Salz und Pfeffer abschmecken. Polenta in Rauten schneiden, mit restlichem Käse bestreuen und zum Eintopf servieren.

Kartoffel-Tortilla

ZUTATEN FÜR 4 PORTIONEN:
500 g festkochende Kartoffeln
100 g Zwiebeln
150 g kleine Tomaten
Pfeffer, Salz
3 EL Öl
60 g schwarze, entsteinte Oliven
8 Eier
Paprikapulver, edelsüß
150 g Frico Gouda alt, gerieben
einige Zweige Oregano

1. Kartoffeln schälen, Zwiebeln abziehen. Tomaten waschen, Blütenansätze entfernen, vierteln und entkernen. Kartoffeln in dünne Scheiben, Zwiebeln in Ringe schneiden.

2. In einer großen Pfanne in erhitztem Öl anbraten, mit Pfeffer und wenig Salz würzen. 10 Minuten bei milder Hitze weiterbraten lassen. Halbierte Oliven und Tomatenstücke zugeben.

3. Verquirlte Eier mit Pfeffer und Paprikapulver würzen. 100 g Käse unterrühren. Über das Gemüse gießen und bei mäßiger Hitze zugedeckt ca. 10 Minuten stocken lassen.

4. Restlichen Käse über die Tortilla streuen. Unter dem heißen Grill goldbraun werden lassen. Mit frischen Oreganoblättchen bestreuen. Tortilla vierteln und zu süßsauer eingelegtem Gemüse servieren.

Nährwerte pro Portion:
kJ/kcal: 2339/557
Eiweiß: 27 g
Kohlenhydrate: 20 g
Fett: 40 g

Aufläufe und Gratins

Rösti-Hackfleisch-Gratin

1. Die Rösti leicht antauen lassen. Die gewaschene Zucchini in Scheiben schneiden, in ein Sieb legen und mit Salz bestreuen. Schalotten und Knoblauch schälen und klein schneiden. Den Ofen auf 200 °C vorheizen.

2. Das Olivenöl erhitzen und Schalotten und Knoblauch darin anrösten. Das Hackfleisch zugeben und unter Rühren anbraten. Nach Geschmack mit Pfeffer und Salz würzen.

3. Die Tomaten in Scheiben schneiden.

4. Eine Auflaufform leicht mit Öl einfetten. Den Boden mit Gehacktem bedecken, dann 1 EL provenzalische Kräuter, die Hälfte des geriebenen Käses, eine Lage Tomaten und trocken getupfte Zucchini, den Rest der Kräuter und Rösti darauf füllen. Den Rest des geriebenen Käses, vermischt mit Brotkrümeln oder Paniermehl, über das Gericht streuen. Die Auflaufform für 20 Minuten auf die mittlere Schiene in den Ofen setzen.

ZUTATEN FÜR 4 PORTIONEN:
1 Paket TK-Rösti (ca. 450 g)
1 Zucchini
3 Schalotten
2 Knoblauchzehen
2 EL Olivenöl
400 g Rindergehacktes
Pfeffer und Salz
2 Fleischtomaten
2 EL gehackte provenzalische Kräuter (Thymian, Oregano, Rosmarin; frisch oder TK)
100 g Frico Gouda mittelalt, gerieben
2 EL feine Brotkrümel oder Paniermehl

Nährwerte pro Portion:
kJ/kcal: 2092/498
Eiweiß: 27 g
Kohlenhydrate: 29 g
Fett: 33 g

Lauchzwiebel-Gratin mit Schinken

ZUTATEN FÜR 4 PORTIONEN:
4 Bund Lauchzwiebeln (ca. 800 g)
10 Scheiben Frico Brennnessel (400 g = 2 Packungen)
8 Scheiben gekochter Schinken (250 g)
20 g Butter zum Ausfetten der Form

Nährwerte pro Portion:
kJ/kcal: 2461/586
Eiweiß: 37 g
Kohlenhydrate: 6 g
Fett: 45 g

1. Lauchzwiebeln putzen, waschen und auf eine einheitliche Länge von ca. 15–17 cm schneiden. In kochendem Wasser 2 Minuten blanchieren, mit kaltem Wasser abschrecken und gut abtropfen lassen.

2. Käse entrinden. Käse- und Schinkenscheiben der Länge nach halbieren. Eine Gratinform mit Butter ausfetten.

3. Jeweils 2–3 Zwiebeln bündeln und zuerst mit 2 Schinkenstreifen, anschließend mit 2–3 Käsestreifen umwickeln. Bündel nebeneinander in die Gratinform legen. Im vorgeheizten Backofen bei 200 °C ca. 10–12 Minuten überbacken. Dazu schmeckt frisches Bauernbrot.

Lasagne mit Tomatenkonfitüre

ZUTATEN FÜR 4 PORTIONEN:
Für die Tomatenkonfitüre:
400 g reife Tomaten
30 g Zucker
Zitronensaft (ein paar Tropfen)
1 EL Aceto Balsamico
Salz und Pfeffer

1–2 Auberginen (je nach Größe)
Öl
Mehl
1 Knoblauchzehe
400 g Zwiebeln
4 grüne Paprikaschoten
4 Thunfischfilets (100 g/Stück)
50 g Frico Maasdam

Nährwerte pro Portion:
kJ/kcal: 2008/478
Eiweiß: 28 g
Kohlenhydrate: 25 g
Fett: 25 g

① Für die Tomatenkonfitüre die Tomaten in kochendes Wasser geben, abziehen und entkernen. Den Zucker und den Zitronensaft erhitzen und karamellisieren, die klein geschnittenen Tomaten hinzugeben und 5 Minuten lang kochen. Den Essig hinzugeben, würzen, aufkochen, sieben und beiseite stellen.

② Die Auberginen waschen, in Scheiben schneiden, salzen und 30 Minuten stehen lassen. Mit Küchenpapier abtupfen, in Mehl wenden und dann in heißem Öl mit einer ganzen Knoblauchzehe braten. Auf Küchenpapier abtropfen lassen.

③ Die Zwiebeln in feine Ringe schneiden, auf kleiner Flamme glasig dünsten und in 8 gleiche Teile aufteilen.

④ Die Paprika halbieren, entkernen und mit der Hautseite nach oben auf ein Backblech legen. Bei 200 °C im Ofen ca. 30 Minuten backen, bis die Haut schwarz wird. Die Paprika abziehen und mit ein wenig Öl beträufeln.

⑤ Den Thunfisch würzen, dünn mit Mehl bestäuben und zugedeckt in einer Pfanne braten. Danach beiseite stellen.

⑥ 1 oder 2 Scheiben Aubergine auf ein Backblech legen, darauf einen Teil Zwiebeln, ein Thunfischfilet, einen Teil Zwiebeln, eine Paprika und noch einmal Auberginenscheiben. Mit Frico Maasdam bestreuen und das Gleiche für 3 weitere Portionen Lasagne wiederholen. Bei 180 °C 10 Minuten in den Backofen geben. Die Tomatenkonfitüre erhitzen und auf den Boden einer Servierplatte geben. Die Thunfischlasagne darauf anrichten.

Lasagne mit geräuchertem Lachs

ZUTATEN FÜR 4 PORTIONEN:
250 g frische Spinatlasagne oder 1 Paket getrocknete Lasagneblätter
Salz
6 EL Olivenöl
3 Knoblauchzehen
2 EL gehackter Dill (frisch oder TK)
frisch gemahlener Pfeffer
200 g Frischkäse
300 g geräucherter Lachs
100 g Frico Gouda jung, gerieben
2 Zitronen

Nährwerte pro Portion:
kJ/kcal: 2906/692
Eiweiß: 36 g
Kohlenhydrate: 47 g
Fett: 46 g

1. In einem großen Topf Salzwasser zum Kochen bringen und hierin jeweils einige Lasagneblätter kochen. Frische Pasta ist gar, sobald das Wasser wieder kocht. Die Blätter herausnehmen und über dem Rand eines Siebes abtropfen lassen.

2. Für getrocknete Lasagneblätter den Packungsanweisungen folgen. Eine ofenfeste Form leicht mit Olivenöl einfetten.

3. Die Knoblauchzehen schälen, fein hacken und mit Dill, 5 EL Olivenöl und Pfeffer vermengen. Den Ofen auf 180 °C vorheizen.

4. Die gefettete Form mit einer Schicht Lasagne auslegen. Darüber eine Lage Frischkäse und geräucherten Lachs verteilen. Darüber das Dill-Knoblauchöl streichen. Lagen einfüllen, bis alle Zutaten verbraucht sind und mit einer Schicht Lasagne enden. Darüber Käse streuen und mit ein bisschen Olivenöl beträufeln. Die Lasagne 15 Minuten mit Aluminiumfolie abgedeckt backen und danach 10 Minuten ohne Folie. Die Lasagne etwas ruhen lassen, dann ist sie einfacher zu schneiden. Mit Zitronenspalten garnieren.
Dazu passt ein grüner Salat.

ZUTATEN FÜR 4 PORTIONEN:
300 g grüner Spargel
300 g junge Möhren
300 g Kohlrabi
400 g Tomaten
1/2 l Gemüseschbrühe (Instant)
50 g Butter
50 g Mehl
3/4 l Milch
200 g Frico Gouda mittelalt, gerieben
Salz, weißer Pfeffer
10 helle Lasagneblätter
1 EL Öl

Nährwerte pro Portion:
kJ/kcal: 3301/786
Eiweiß: 35 g
Kohlenhydrate: 73 g
Fett: 38 g

1. Spargel waschen, die Enden schälen und in dünne, schräge Scheiben schneiden. Möhren putzen, waschen, in 3 cm lange schmale Stifte schneiden. Kohlrabi schälen, waschen, vierteln, in dünne Scheiben schneiden. Tomaten waschen, halbieren, Blütenansätze entfernen, entkernen und würfeln.

2. Spargel 5 Minuten, Möhren und Kohlrabi je 8 Minuten nacheinander in Gemüsebrühe vorgaren. Abkühlen lassen, mit Tomatenwürfeln mischen.

3. Aus Butter, Mehl und kalter Milch eine dicke Soße kochen. 150 g Käse einrühren, nicht mehr kochen lassen. Mit wenig Salz und Pfeffer abschmecken.

4. Eine Auflaufform, in die nebeneinander 2 Lasagneblätter passen, mit Öl auspinseln. Etwas Soße auf dem Boden der Form verteilen, 2 Lasagneblätter darüberlegen. 1/3 der Gemüsemischung darauf mit der Soße abdecken. Noch 2 weitere Lagen daraufgeben und mit einer letzten Schicht Nudelblättern abdecken. Restliche Soße darauf verteilen und mit restlichem Käse bestreuen. Im vorgeheizten Backofen bei 200 °C 35–40 Minuten zuerst zugedeckt, dann in den letzen 10 Minuten offen garen.

Frühlingsgemüse-Lasagne

Überbackene Nudelrollen mit Käse-Spinat-Füllung

ZUTATEN FÜR 4 PORTIONEN:
250 g helle Lasagneblätter
Salz
3 EL Öl
300 g TK-Blattspinat
2 Zwiebeln
50 g Butter
Pfeffer
400 g Frico Brennnessel
200 g saure Sahne
1 Ei
2 geriebene Zwiebäcke
1/2 TL abgeriebene Schale einer unbehandelten Zitrone

Nährwerte pro Portion:
kJ/kcal: 3788/902
Eiweiß: 38 g
Kohlenhydrate: 51 g
Fett: 61 g

1. Nudelblätter in reichlich Salzwasser mit 2 EL Öl 7–8 Minuten kochen. Vorsichtig herausnehmen, kalt abschrecken und einzeln auf ein mit restlichem Öl bestrichenes Backblech legen.

2. Aufgetauten Spinat grob hacken. Zwiebelwürfel in 30 g Butter andünsten, Spinat darin 1 Minute dünsten und abkühlen lassen. Mit wenig Salz und Pfeffer würzen. Käse klein würfeln, mit Sahne und Ei verrühren. Anschließend den Spinat runterheben.

3. Masse gleichmäßig auf die Nudelplatten streichen. Nudelplatten aufrollen und halbieren. Eine flache, hitzebeständige Form mit 5 g Butter ausfetten. Nudelrollen und in die Form geben. Restliche Butter in einer Pfanne schmelzen, Zwiebackbrösel darin verrühren, über die Rollen streuen. Im vorgeheizten Backofen bei 200 °C ca. 30 Minuten backen. Mit Zitronenschale bestreut servieren.

Fruchtig und süß

Ziegenkäse mit Quittenmus, Walnüssen und Feigen

1. Den Frico Belle Blanche in hauchdünne Scheiben schneiden und mit dem Quittenmus bestreichen. Dann mehrere Scheiben Belle Blanche zu einem Türmchen stapeln.
2. Die Feigen waschen, vierteln und zu den Nüssen geben. Anschließend gut vermischen.
3. Die Türmchen auf einem Teller anrichten und mit der Feigen-Nuss-Mischung dekorieren.

ZUTATEN FÜR 4 PORTIONEN:
150 g Frico Belle Blanche
150 g Quittenmus
4 Feigen
30 g Walnüsse

Nährwerte pro Portion:
kJ/kcal: 1004/239
Eiweiß: 10 g
Kohlenhydrate: 12 g
Fett: 16 g

Frico-TIPP

- Generell wird das Gericht kalt serviert. Es schmeckt jedoch auch warm sehr gut: Dazu die Türmchen bei niedriger Temperatur im Ofen kurz erwärmen.

Teigtürmchen mit Käse-Obst-Füllung

ZUTATEN FÜR 4 PORTIONEN:
50 g Mehl
50 g Puderzucker
50 g flüssige Butter
2 Eiweiß (Gew.-Kl. M)
90 g Kiwi
100 g Erdbeeren
100 g Nektarinen
200 g Himbeeren
2 cl Portwein
80 g Zucker
1 EL Zitronensaft
100 g Frico Master
Pfefferminzblättchen

Nährwerte pro Portion:
kJ/kcal: 1781/424
Eiweiß: 11 g
Kohlenhydrate: 50 g
Fett: 20 g

1. Gesiebtes Mehl, Puderzucker, Butter und Eiweiß zu einem glatten Teig verrühren. Eine dreieckige Pappschablone mit Seitenlängen von 12,5 cm, 10 cm und 7,5 cm anfertigen. 16 Dreiecke auf Backpapier aufmalen und auf einem Blech mit Teig ausstreichen.

2. Im vorgeheizten Ofen bei 200 °C auf mittlerer Einschubleiste in ca. 5 Minuten braun backen.

3. Kiwi schälen, halbieren und in Scheiben schneiden. Erdbeeren waschen, putzen und in Scheiben schneiden. Nektarine waschen, in dünne Spalten schneiden. Himbeeren verlesen, mit Portwein, Zucker und Zitronensaft pürieren. Käse entrinden und fein hobeln. Auf 4 Tellern jeweils 4 Teigdreiecke mit Oststücken und Käsescheiben dekorativ füllen. Mit Himbeersoße und Minzblättchen anrichten und sofort servieren.

Cremiger Käsekuchen

ZUTATEN FÜR 8 STÜCK:
1 Springform von ca. 22 cm Durchmesser, Butter, Puderzucker
1 Biskuitboden
rote Waldfruchtmarmelade
250 ml süße Sahne
250 ml Milch
100 g Zucker
50 g Butter
eine Prise Salz
3 Eigelbe
50 g Speisestärke
geriebene Zitronenschale
200 g Frico Maasdam, gerieben
3 Eiweiß
50 g Rosinen

1. Eine Springform einfetten und mit Puderzucker bestäuben. Den Biskuitboden in die Form geben, gegebenenfalls auf die Größe der Form ausstanzen.

2. Den Boden mit einer feinen Schicht Marmelade bestreichen und beiseite stellen.

3. In einem Kochtopf die Sahne, 200 ml Milch, den Zucker, die Butter und das Salz mischen und erhitzen (nicht kochen lassen). In der Zwischenzeit die Eigelbe mit der restlichen Milch, der Speisestärke und der Zitronenschale mischen.

4. Die Eimasse zur Sahne-Milch-Mischung geben und unter ständigem Rühren erhitzen, bis eine sämige Creme entsteht. Vom Herd nehmen und nach und nach den geriebenen Frico Maasdam hinzu geben. Mit einem Holzlöffel unterrühren und die Masse anschließend in eine Schüssel gießen.

5. Das Eiweiß zu Schaum schlagen und einen Teil davon zur Creme geben. Die Rosinen hinzufügen und vorsichtig zu einer einheitlichen Mischung verrühren. In die vorbereitete Kuchenform geben und glatt streichen. Dünn mit dem geschlagenen Eischaum überziehen.

6. Im Ofen bei 180-200 °C 30 Minuten backen, bis die Oberfläche goldgelb ist. Abkühlen lassen und einige Stunden in den Kühlschrank stellen. Die Form entfernen und kalt servieren.

Nährwerte pro Stück:
kJ/kcal: 1529/364
Eiweiß: 11 g
Kohlenhydrate: 35 g
Fett: 19 g

Frico-TIPP

▶ Wer den Kuchen lieber etwas leichter hätte, kann die Sahne durch zwei Zitronenjoghurts ersetzen.

Melonenringe mit Erdbeer-Käse-Salat

ZUTATEN FÜR 4 PORTIONEN:
1 Galiamelone (ca. 1 kg)
1 EL Puderzucker
9 Blatt weiße Gelatine
5 cl weißer Portwein
400 g Erdbeeren
weißer Pfeffer aus der Mühle
6 EL Orangensaft
ca. 125 g Frico Maasdam
Pfefferminzblättchen

Nährwerte pro Portion:
kJ/kcal: 596/142
Eiweiß: 9 g
Kohlenhydrate: 14 g
Fett: 5 g

1. Melone halbieren und entkernen. Einige sehr dünne Schnitze für die Garnierung beiseite stellen. Melonenfleisch herauslösen und pürieren. Es sollte ca. 0,5 l ergeben. Gesiebten Puderzucker unterrühren.

2. Gelatine in heißem Portwein auflösen, unter das Püree rühren. In portionsgroße Ringformen (10 cm Durchmesser) füllen und ca. 4 Stunden kalt stellen.

3. Formen kurz in heißes Wasser tauchen, auf einen Teller stürzen. Erdbeeren waschen, putzen und vierteln. Mit Pfeffer würzen und mit Orangensaft beträufeln. Käse mit einem Käseschneider in hauchdünne Streifen schneiden und zusammen mit den marinierten Erdbeeren in den Melonenringen anrichten. Mit Melonenschnitzen und Pfefferminzblättchen garnieren.

Regina Halmich

Boxweltmeisterin 1995–2007

Leicht & Lecker

Gefüllte und überbackene Artischocken

ZUTATEN FÜR 4 PORTIONEN:
1,3 kg frische Artischocken
100 g Rinderhackfleisch
100 g mageres Schweinehackfleisch
10 g trockenes Brot ohne Kruste
2 Knoblauchzehen
1 EL gehackte Petersilie
Salz und Pfeffer
Olivenöl
100 g Frico Cantenaar, gerieben

Nährwerte pro Portion:
kJ/kcal: 874/208
Eiweiß: 19 g
Kohlenhydrate: 8 g
Fett: 11 g

1. Die Artischocken putzen, sodass nur noch das Herz übrig bleibt.
2. In einer Schüssel das Hackfleisch, das trockene Brot (vorher in Milch einweichen), den durchgedrückten Knoblauch, die Petersilie, das Salz und den Pfeffer mischen.
3. Die Artischockenherzen mit der Mischung füllen und auf ein mit Olivenöl gefettetes Backblech stellen.
4. Ca. 25 Minuten lang bei 180 °C im Ofen backen. Den geriebenen Frico Cantenaar darüberstreuen und weitere 8 Minuten überbacken.

REGINAS TIPP:

- Die Artischocken in Zitronenwasser putzen, damit sie nicht schwarz werden.

Bagel mit geräuchertem Huhn

ZUTATEN FÜR 2 STÜCK:
2 Bagels
1 EL Honig
1/2 Schälchen Gartenkresse
4 Scheiben geräuchertes Hühnchenfilet
100 g Frico Leicht & Lecker méditerranée Scheiben
2 geröstete Paprika (aus dem Glas)

Nährwerte pro Stück:
kJ/kcal: 1264/301
Eiweiß: 25 g
Kohlenhydrate: 31 g
Fett: 8 g

1. Die Bagels aufschneiden. Mit Honig bestreichen und auf 2 Hälften Gartenkresse verteilen.
2. Die Brötchen mit geräuchertem Hähnchenfilet belegen und darauf die Käsescheiben geben.
3. Die Paprika in schmale Streifen schneiden, auf den Käse legen und die Bagels zuklappen.

Mediterraner Nudelsalat

ZUTATEN FÜR 4 PORTIONEN:
200 g Penne oder Fusilli
Salz
2 EL Pinienkerne
1 gelbe oder rote Paprikaschote
1 grüne Paprikaschote
1 EL schwarze Oliven
150 g Lachsschinken
100 g Frico Leicht & Lecker méditerranée Scheiben
1 Schälchen Kirschtomaten
1 EL Kapern

Für die Basilikumvinaigrette:
3 EL Basilikumöl
frisch gemahlener Pfeffer
1 EL Zitronensaft
1 TL Senf

① Die Pasta nach Packungsanweisung bissfest garen. Pasta abgießen, mit kaltem Wasser überspülen und gut abtropfen lassen.

② Die Pinienkerne in einer heißen Pfanne ohne Fett goldbraun rösten.

③ Paprika ohne Kerne in Würfel und Oliven in Ringe schneiden. Lachsschinken und Käse in feine Streifen schneiden, Tomaten halbieren. Die Zutaten für die Basilikumvinaigrette vermischen. Die Salatzutaten mit der Vinaigrette vermengen und zum Schluss mit Pinienkernen bestreuen.

Nährwerte pro Portion:
kJ/kcal: 1907/454
Eiweiß: 23 g
Kohlenhydrate: 41 g
Fett: 26 g

Toast Toskana

ZUTATEN FÜR 2 STÜCK:
2 Ciabattabrötchen
2 EL Oliven- oder Nussöl
25 g Rucola
100 g Frico Leicht & Lecker méditerranée Scheiben
1/2 kleine Gurke
2 große Scheiben Parmaschinken

Nährwerte pro Stück:
kJ/kcal: 1508/359
Eiweiß: 23 g
Kohlenhydrate: 28 g
Fett: 16 g

REGINAS TIPP:

▶ Das Öl kann man durch rotes Pesto ersetzen, um damit die Brothälften zu bestreichen.

1. Die Brötchen längs durchschneiden. Die Hälften nebeneinander legen und mit Öl beträufeln.

2. Den Rucola klein schneiden. Auf die 2 unteren Brötchenhälften Rucola und darauf Käsescheiben und die in Scheiben geschnittenen Gurken legen. Darüber den Schinken, nochmals Käsescheiben und die oberen Brötchenhälften legen. Die Brötchen etwas zusammendrücken.

3. Das Brot in einem Kontaktgrill oder einem breiten Brotröster rösten, bis der Käse leicht geschmolzen ist.

Wokgericht von Schwert- und Thunfisch

ZUTATEN FÜR 4 PORTIONEN:
250 g Thunfischfilet
250 g Schwertfischfilet
3 EL Zitronensaft
100 g Frico Leicht & Lecker Rucola
1 rote Zwiebel
200 g Zuckerschoten
4 Lauchzwiebeln
2 Knoblauchzehen
3 EL Olivenöl
frisch gemahlener Pfeffer und Meersalz
1 EL gehackter Thymian
1 Zitrone

Nährwerte pro Portion:
kJ/kcal: 1688/402
Eiweiß: 34 g
Kohlenhydrate: 7 g
Fett: 24 g

1. Die Fischfilets in Würfel oder Streifen schneiden. Mit Zitronensaft beträufeln und etwas ziehen lassen. Den Käse in schmale Streifen schneiden.

2. Die rote Zwiebel schälen und in Ringe oder Stücke schneiden. Die Schoten abziehen und 2 Minuten blanchieren. Abgießen und kalt abspülen. Die Lauchzwiebeln in schräge Stücke von 3 cm und die geschälten Knoblauchzehen in Scheiben schneiden.

3. Das Olivenöl in einem Wok oder einer kleinen Pfanne erhitzen. Zwiebel und Knoblauch darin anrösten. Den trocken getupften Fisch, Lauchzwiebeln und Schoten dazugeben und 3–4 Minuten unter Rühren braten, sodass der Thunfisch noch leicht rosa ist. Nach Geschmack pfeffern und salzen. Die Käsestreifen dazugeben und das Gericht mit Thymian bestreuen. Mit Zitronenspalten garnieren. Dazu scheckt Ciabatta und scharfe Tomatensoße.

Geröstete „Krieltjes“ mit Käse

ZUTATEN FÜR 4 PORTIONEN:
100 ml Olivenöl
700 g Krieltjes mit Schale (Drillinge, kleine Kartoffeln)
3 Knoblauchzehen
gemahlenes Meersalz
2 EL gehackter Rosmarin (frisch oder TK)
100 g Frico Leicht & Lecker jung, gerieben

Nährwerte pro Portion:
kJ/kcal: 1873/446
Eiweiß: 10 g
Kohlenhydrate: 25 g
Fett: 33 g

REGINAS TIPP:

▶ Die Krieltjes durch kleine neue Kartoffeln ersetzen und diese ungeschält der Länge nach durchschneiden.

1. Den Ofen auf 220 °C vorheizen. Das Olivenöl in eine Auflaufform gießen und diese in die mittlere Schiene des Ofens setzen, bis das Öl heiß ist.
   Die Kartoffeln sauber bürsten. Den Knoblauch schälen und fein hacken.

2. Die Kartoffeln in das Olivenöl legen, mit reichlich Meersalz bestreuen, Knoblauch und Rosmarin zufügen und gut vermengen. 25 Minuten rösten, bis die Kartoffeln goldbraun und gar sind. Dabei ab und zu wenden.

3. Nach 20 Minuten den geriebenen Käse darüberstreuen und schmelzen lassen. Die Krieltjes mit einem grünen Salat servieren.

Mexikanisches Chicoréegemüse

① Die Strünke aus dem Chicorée schneiden, salzen und in 5 Minuten bissfest garen (oder in der Mikrowelle, abgedeckt 3 Minuten bei 800 Watt). Den Ofen auf 200 °C vorheizen.

② Zwiebel schälen und klein schneiden. Die geputzte, entkernte Paprika ohne Kerne in kleine Würfel schneiden. Die Tomate kreuz weise einritzen, kurz in kochendes Wasser legen, häuten und in Würfel schneiden. Den Mais abgießen und gut abtropfen lassen.

③ Das Öl erhitzen und unter Rühren die Zwiebel und Paprika anbraten. Die Tomatenwürfel mit Saft, den Mais und Tabasco nach Geschmack zufügen.

④ Den Chicorée nebeneinander in eine ofenfeste Form legen. Darüber die Paprika-Mais-Mischung und zuoberst den Frischkäse verteilen. Die Tortillachips auf das Gericht legen. Den Käse darüberstreuen und 10–15 Minuten auf mittlerer Schiene im Ofen backen. Vor dem Servieren mit Koriander bestreuen.

REGINAS TIPP:

▶ Der Chicorée kann auch geschnitten mitgebraten werden und der Mais kann durch rote Bohnen ersetzt werden.

ZUTATEN FÜR 4 PORTIONEN:

1 kg Chicorée
Salz
1 rote Zwiebel
1 rote Paprikaschote
1 Fleischtomate
300 g Mais (TK oder aus der Dose)
2 EL Sonnenblumen- oder Erdnussöl
Tabasco
200 g Frischkäse Natur
75 g Tortillachips
100 g Frico Leicht & Lecker jung, gerieben
2 EL gehackter Koriander (frisch oder TK)

Nährwerte pro Portion:
kJ/kcal: 1655/394
Eiweiß: 18 g
Kohlenhydrate: 31 g
Fett: 22 g

Spargelnest mit Paprika und Käse

1. Salzwasser in einem Topf zum Kochen bringen. Den Spargel hinzugeben, 3 Minuten lang kochen, in Eiswasser abschrecken und beiseite stellen.

2. Die Paprika ganz (ungeteilt) im Ofen garen, dann die Haut abziehen und in breite Streifen schneiden.

3. Den Frico Leicht & Lecker mittelalt in längliche Dreiecke schneiden.

4. Käse, Paprika und Spargel auf dem Teller zu einem Bouquet anrichten und mit Olivenöl beträufeln.

ZUTATEN FÜR 4 PORTIONEN:
16 Stangen grüner Spargel
2 große rote Paprikaschote
200 g Frico Leicht & Lecker mittelalt
2 EL Olivenöl

Nährwerte pro Portion:
kJ/kcal: 911/217
Eiweiß: 20 g
Kohlenhydrate: 6 g
Fett: 12 g

REGINAS TIPP:

- Den Spargel al dente kochen, damit die Zutaten verschiedene Texturen erhalten.

ZUTATEN FÜR 6 PORTIONEN:

Für den Aufstrich
20 g geröstete Sesamsamen
20 g Sultaninen
1 Kopfsalat, sehr fein geschnitten
125 g griechischer Joghurt

1 Vollkorntoastbrot (12 Scheiben)
200 g Frico Leicht & Lecker mittelalt (in Scheiben)
1 reife Tomate, in Scheiben geschnitten
1 geschälte Gurke, in Scheiben geschnitten

Sandwich light

Nährwerte pro Portion:
kJ/kcal: 1239/295
Eiweiß: 17 g
Kohlenhydrate: 35 g
Fett: 8 g

1. Die Zutaten für den Aufstrich mischen und die Hälfte der Toastbrotscheiben damit dünn bestreichen.

2. Mit Frico Leicht & Lecker mittelalt, Tomate und Gurke belegen. Mit den restlichen Scheiben bedecken.

3. Die Ränder leicht zudrücken und gerade schneiden. Das Sandwich diagonal halbieren und servieren.

Sommerquiche mit Tomaten und Basilikum

① Aus gesiebtem Mehl, kalten Butterflocken, 1 Ei, 1/2 TL Salz und 1–2 EL Wasser einen Teig kneten. In Frischhaltefolie 1 Stunde kalt stellen. Teig zwischen Frischhaltefolie ausrollen und Boden und Rand einer Quicheform von 26 cm Durchmesser damit auskleiden.

② Teigboden mit einer Gabel mehrmals einstechen, mit Backpapier abdecken und mit Hülsenfrüchten füllen. Im vorgeheizten Backofen bei 200 °C auf mittlerer Einschubleiste ca. 10–12 Minuten vorbacken.

③ Aus dem Ofen nehmen, Hülsenfrüchte und Papier entfernen, abkühlen lassen. Käse reiben, mit gewaschenem, gut abgetrocknetem und gehacktem Basilikum mischen.

④ Gewaschene Tomaten halbieren und die Hälfte der Menge gleichmäßig auf dem Tortenboden verteilen. Käse-Kräuter-Mischung daraufgeben. Sahne, restliche Eier, Salz und Pfeffer verquirlen, über den Belag gießen. Restliche Tomatenhälften darauf verteilen. Im heißen Backofen 20–25 Minuten auf der zweiten Einschubleiste von unten backen lassen. Noch heiß bzw. warm, mit oder ohne knackigem Salat servieren.

ZUTATEN FÜR 12 STÜCKE:
200 g Mehl
100 g Butter
5 Eier (Gew.-Kl. M)
Salz
getrocknete Hülsenfrüchte zum Blindbacken
200 g Frico Cantenaar
1 Bund Basilikum
200 g Kirschtomaten
200 g Schlagsahne
frisch gemahlener Pfeffer

Nährwerte pro Stück:
kJ/kcal: 953/227
Eiweiß: 10 g
Kohlenhydrate: 13 g
Fett: 15 g

Alle Rezepte auf einen Blick

Anchovis-Spießchen mit Cherrytomaten, Käse und Basilikumöl 29

Bagel mit geräuchertem Huhn 77
Barbe aus dem Ofen 58
Bulgursalat mit Käse 39

Cremiger Käsekuchen 73

Frühlingsgemüse-Lasagne 67

Gebackene Käsewürfel auf Gartensalat 43
Geflügelfrikadellen mit Käsefüllung 52
Gefüllte Kalbsröllchen 53
Gefüllte Teignester 30
Gefüllte und überbackene Artischocken 76
Gefülltes Gemüse mit 5 Käsesorten 34
Gefülltes Pitabrot 23
Gemüsetopf mit Käsepolenta 59
Geröstete „Krieltjes" mit Käse 81
Gratinierte Brokkolisuppe 46

Kartoffel-Tortilla 60
Käsegebäck 31

Lachs mit Spinat 56
Lasagne mit geräuchertem Lachs 66
Lasagne mit Tomatenkonfitüre 65
Lauchzwiebel-Gratin mit Schinken 63
Lauwarmes Knusperbrot 24

Mediterraner Nudelsalat 78
Melonenringe mit Erdbeer-Käse-Salat 74
Mexikanisches Chicoréegemüse 83

Nudelsalat mit Käse 41

Ofenkartoffeln mit pochierten Eiern gefüllt 55
Orangensalat 42

Paksoi-Eintopf mit Orange und Käse 49
Pasta marinara 57
Pastasalat mit Gemüsestreifen auf Mailänder Art 37

Red Hot Wraps 21
Rösti-Hackfleisch-Gratin 62

Sandwich light 85
Sandwich mit Käse und Schinken 22
Saté-Spieße mit Käsesoße 26
Sommerquiche mit Tomaten und Basilikum 86
Sommersalat mit Flusskrebsschwänzen 38
Spargelnest mit Paprika und Käse 84

Teigtürmchen mit Käse-Obst-Füllung 71

Toast Toskana 79
Tomaten-Käse-Rondell 33
Tomatensuppe mit Basilikum-Käseklößchen 47
Traubensalat mit Käsestreifen 44

Überbackene Krabbenrösti 27
Überbackene Nudelrollen mit
Käse-Spinat-Füllung 68

Wokgericht von Schwert- und Thunfisch 80
Würziges Gouda-Tatar 40

Ziegenkäse-Carpaccio 32
Ziegenkäse mit Quittenmus, Walnüssen
und Feigen 70
Zucchinisuppe 50

IMPRESSUM

Herausgeber:
Friesland Foods Cheese Deutschland GmbH

Verlag:
Companions GmbH
Rödingsmarkt 9 · 20459 Hamburg
Tel.: 040-30 60 46-00
info@companions.de · www.companions.de

Layout: Cornelia Prott
Korrektorat: Kerstin Gonsior

Wir danken Marie Fischer und Nataly Scheer.

Druck und Binden:
DZA Druckerei zu Altenburg GmbH, Altenburg

Bildnachweise
Friesland Foods Cheese Deutschland GmbH
außer:
Getty Images: S. 61, Stockbyte: 19, 35, 69,
Westend 61: 25, Foodcollection: 45

ISBN: 978-3-89740-532-5

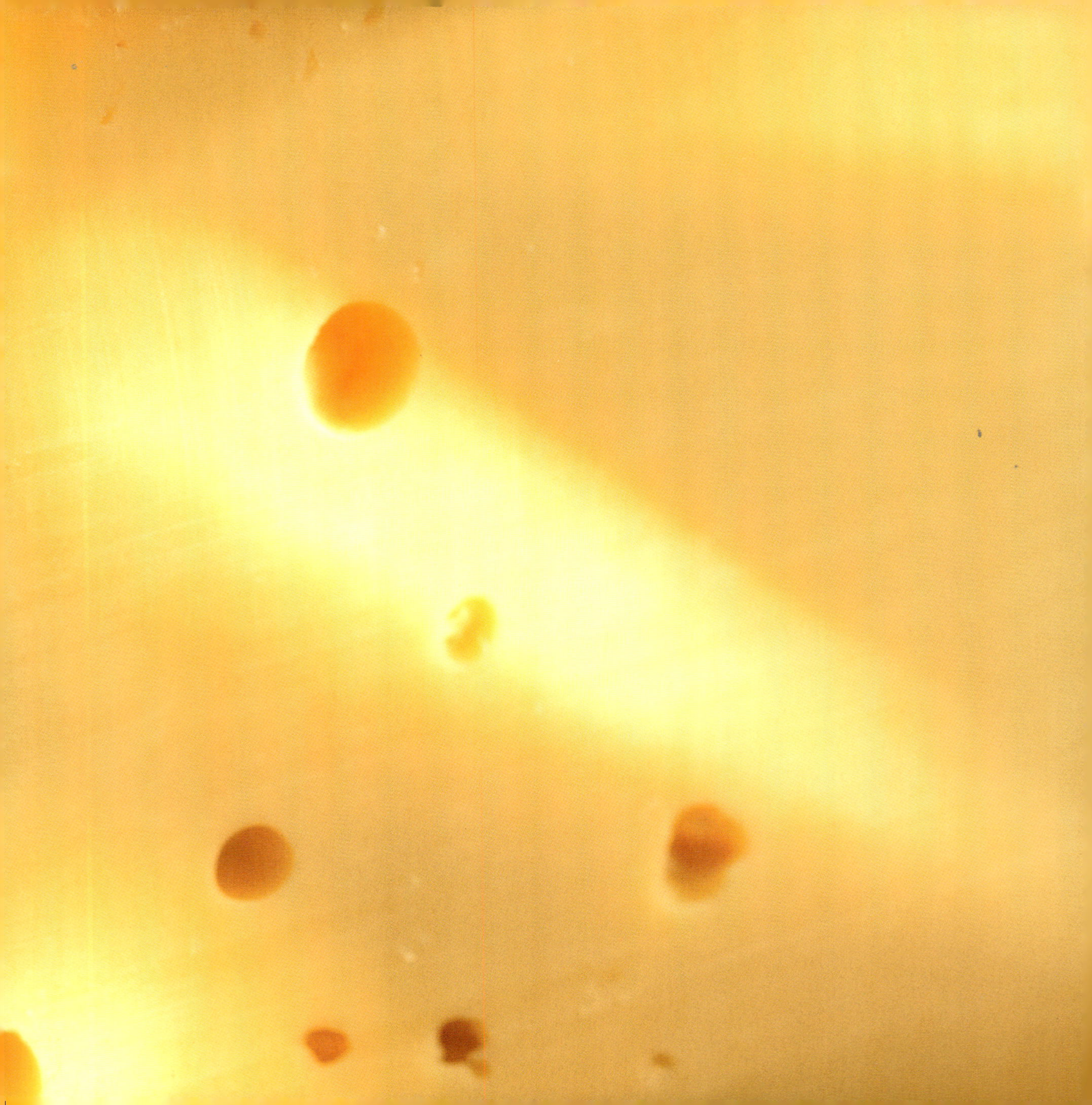